J. Borges

Biblioteca de Cordel

J. Borges

Introdução
Jeová Franklin

hedra

São Paulo, 2014

Copyright© autoria, J. Borges 2007
Copyright© desta edição, Hedra 2007

Capa
Julio Dui
sobre xilogravuras de J. Barros (capa), Marcos Freitas (lombada)
e José Lourenço (orelhas e quarta-capa)

Projeto gráfico e editoração
Hedra
Revisão
Hebe Ester Lucas

Direção da coleção
Joseph Maria Luyten

Dados Internacionais de Catalogação na Publicação (CIP)
(Câmara Brasileira do Livro, SP, Brasil)

Borges, J., 1955–.
J. Borges/ introdução de Jeová Franklin. — São Paulo: Hedra, 2007. —
(Biblioteca de Cordel)

ISBN 978-85-7715-056-4

Bibliografia.
1. Borges, J., 1955–. 2. Literatura de cordel—Brasil 3. Literatura
de cordel—Brasil—História e crítica I. Franklin, Jeová. II. Título.
III. Série

01-2610   CDD-398.20981

Índices para catálogo sistemático:
1. Brasil: Cordelistas: Biografia e obra: Literatura folclórica 398.20981
2. Brasil: Literatura de cordel: História e crítica: Folclore 398.20981

[2014]
Direitos reservados em língua portuguesa
EDITORA HEDRA
R. Fradique Coutinho, 1139, subsolo
CEP 05416-011, São Paulo-SP, Brasil
+55-11-3097-8304
www.hedra.com.br
Foi feito depósito legal.

BIBLIOTECA DE CORDEL

A literatura popular em verso passou por diversas fases de incompreensão e vicissitudes no passado. Ao contrário de outros países, como o México e a Argentina, onde esse tipo de produção literária é normalmente aceita e incluída nos estudos oficiais de literatura – por isso poemas como "La cucaracha" são cantados no mundo inteiro e o herói do cordel argentino, Martín Fierro, se tornou símbolo da nacionalidade platina –, as vertentes brasileiras passaram por um longo período de desconhecimento e desprezo, devido a problemas históricos locais, como a introdução tardia da imprensa no Brasil (o último país das Américas a dispor de uma imprensa), e a excessiva imitação de modelos estrangeiros pela intelectualidade.

Apesar da maciça bibliografia crítica e da vasta produção de folhetos (mais de 30 mil folhetos de 2 mil autores classificados), a literatura de cordel – cujo início remonta ao fim do século XIX – continua ainda em boa parte desconhecida do grande público, principalmente por causa da distribuição efêmera dos folhetos. E é por isso que a Editora Hedra se propôs a selecionar cinqüenta estudiosos do Brasil e do exterior que, por sua vez, escolheram cinqüenta poetas populares de destaque e prepararam um estudo introdutório para cada um, seguido por uma antologia dos poemas mais representativos.

Embora a imensa maioria dos autores seja de origem nordestina, não serão esquecidos outros polos produtores de poesia popular, como a região sul-riograndense e a antiga capitania de São Vicente, que hoje abrange o interior de São Paulo, Norte do Paraná, Mato Grosso, Mato Grosso do Sul, parte de Minas Gerais e Goiás. Em todos esses lugares há poetas populares que continuam a divulgar os valores de seu povo. E isso sem nos esquecermos do Novo Cordel, aquele feito pelos migrantes nordestinos que se radicaram nas grandes cidades como Rio de Janeiro e São Paulo. Tudo isso resultará em um vasto panorama que nos permitirá avaliar a grandeza da contribuição poética popular.

Acreditamos, assim, colaborar para tornar mais bem conhecidos, no Brasil e afora, alguns dos mais relevantes e autênticos representantes da cultura brasileira.

Dr. Joseph M. Luyten (1941–2006)

Doutor pela USP em Ciências da Comunicação, Joseph Luyten foi um dos principais pesquisadores e estudiosos da literatura de cordel na segunda metade do século XX. Lecionou em diversas universidades, dentre as quais a Universidade de São Paulo, a Universidade de Tsukuba (Japão) e a Universidade de Poitiers (França), onde participou da idealização do Centro Raymond Cantel de Literatura Popular Brasileira. Autor de diversos livros e dezenas de artigos sobre literatura de cordel, reuniu uma coleção de mais de 15 mil folhetos e catalogou cerca de 5 mil itens bibliográficos sobre o assunto.

Joseph Luyten idealizou a Coleção Biblioteca de Cordel e a coordenou entre os anos de 2000 e 2006, período em que publicamos 22 volumes. Os editores consignam aqui sua gratidão.

Sumário

Introdução 9

A mulher que botou o diabo na garrafa 39
Nazaré e Damião – O triunfo do amor entre a
    vingança e a morte 49
O verdadeiro aviso de Frei Damião 91
História de Jesus e o menino do galo 105
O exemplo da mulher que vendeu o cabelo e
    visitou o inferno 111
A chegada da prostituta no céu 121
As andorinhas da fé ou Os ladrões do pé da serra 131

Apresentação

J. Borges, José Francisco Borges, vendedor de jogo do bicho, adepto da quiromancia, pedreiro, pintor, vendedor de cordel, escritor de cordel, gravador de capa de cordel e editor de cordel. Este, o perfil do mais importante artista plástico popular da cultura brasileira. Ele já expôs trabalhos em museus do Brasil, na França, Espanha, Estados Unidos, Venezuela, Alemanha e Suíça. Hoje escreve, edita folhetos e se dedica à produção de xilogravuras, quando lhe resta tempo entre uma e outra exposição.

J. Borges tem cerca de cinco mil exemplares de matrizes em madeira na mão de populares, de colecionadores e na própria oficina. Cerca de quinhentos tacos de xilogravura destinam-se às capas de cordel. Em qualidade, ninguém no país chega à dimensão do artista sertanejo, mas os preços das estampas, em preto-e-branco ou colorida, ficam bem abaixo das gravuras industrializadas.

Em Brasília, um colecionador possui mais de trezentas gravuras grandes digitalizadas. As médias e pequenas, muito difícil de se calcular. A mancha impressa delas, o alto-relevo entintado que definirá a impressão, ocupa quase a totalidade do papel de 50 por 70 centímetros. Isso, apesar de admiradores de J. Borges encontrarem dificuldades de espaço para colocar mais de uma gravura nos pequenos apartamentos.

A infância

As primeiras lembranças de José Francisco Borges sobre a Literatura de Cordel vieram no sítio Piroca, perto de Bezerros, Pernambuco, quando Leandro Gomes de Barros, o primeiro grande poeta da Literatura de Cordel, era morto e João Martins de Athayde, o maior editor de cordel, reinava na edição dos livretos populares no Recife. O pai Joaquim Francisco trazia das feiras de Bezerros os folhetos. Até os 12 anos, o garoto Borges não sabia ler, mas tinha decorado o texto do *Romance do Pavão Misterioso*.

O pai encontrou o professor Davi Antônio Milanez num boteco e perguntou se na escola particular havia espaço para mais um menino. J. Borges ouviu. Ele esperava por isso. Não dormiu. Sonhou com a escola. Acordou cedo levando a cartilha de ABC e a tabuada. Estudou com Milanez por dez meses. Parou quando o professor foi trabalhar no Recife, deixando o J. Borges sem aprender as contas de dividir. A vida o ensinou.

Filho de família pobre, J. Borges fabricou brinquedos, cestos de palhas e colheres de pau com a madeira do jenipapo para a loja Viana Leal do Recife. Quem o ensinou foi o cego Antônio José dos Santos. O jenipapo deixa uma tinta roxa que só sai das mãos depois de quinze dias. Experimentou também colher cana-de-açúcar. Desistiu. De noite os espinhos da cana não o deixavam dormir.

O vendedor de cordel

Pedreiro e pintor na construção civil, juntou 600 cruzeiros no mealheiro, pequeno cofre de cerâmica, para adquirir folhetos no Recife e revender nas feiras em Escada, zona da mata de Pernambuco. Comprou dois pacotes grandes de cordel e uma maleta. Abriu e espalhou os cordéis. Achava que bastaria esparramar os folhetos. Mal tinha começado a profissão, quando chegou um freguês e pediu: *Leia para a gente.*

Foi uma facada. Eu tinha de ler. Ler como? Olhava e via o povo, do tamanho de um elefante. Depois, pensei, fechei a cara e encarei o texto. Cantei uma parte, cantei duas. O povo se aglomerava. Quando terminei a história, dez ou doze compraram. Li outro folheto. Do terceiro em diante estava cínico, falando piadas. O povo ria. Vendi 500 cruzeiros de folhetos em quatro feiras. Ainda sobrou mais da metade da minha primeira compra de folhetos no Recife.

J. Borges usava a maleta com um tripé. Onde chegava, espalhava os folhetos e cantava o cordel. A história de prender o cordel em barbante nunca existiu. Pendurar, como? Não havia lugar para isso. O folheteiro também não tinha viola para cantar. Fazia como todo vendedor de folheto. Não utilizava instrumento musical. O argumento: *Precisaria ter mais duas mãos para entregar o folheto e passar o troco. As duas outras mãos, se existissem, iriam segurar a viola para tocar os acordes sonoros. Tais crenças são uma lenda urbana.*

Numa das feiras, *As confissões da beata Mocinha*, de capa da cor verde, estava se acabando. J. Borges era amigo de Antonio Ferreira, poeta nascido em Bezerros.

O cordel não iria durar. Olhei o estoque e percebi outro pacote com a capa do mesmo papel. Falei para o companheiro: distribua desse pacote embaixo da maleta.

Antônio ficou sem saber o que fazer. O cordel era de outro título.

Borges: *Vai rapaz, distribua o folheto. O camarada aqui já quer um. Você está com preguiça, sem vontade de trabalhar, diga.*

Antônio: *Não é preguiça não. Você está muito apressado.*

J. Borges: *Entregue esse aqui para o cidadão, outro para aquela senhora, o moço também fica com um.*

Antônio começou a distribuir o folheto errado. Venderam cem cordéis do pacote. No final da feira, Antônio ponderou: *Rapaz, foi bom mas nós estragamos a feira. Tentas vender uma coisa e entregas outra.*

J. Borges pensou um pouco e respondeu: *Deixa de ser besta, rapaz, daqui a quinze dias, ninguém se lembra mais do caso. Nem da gente.*

Semanas depois apareceram os dois em Porto Calvo, Alagoas. A mesma máquina, que é um aparelho de alto-falante com o microfone preso no pescoço por um pedaço de corda. Os mesmos dois caras.

Antes de arrumar as coisas, surgiu um moço de cara enfezada: — *Meu amigo, há duas semanas eu estava aqui, comprei o folheto e não era igual ao que você estava lendo.*

Antônio falou baixinho: *Olha a bronca.*

Refeito do susto, J. Borges concordou: *Engraçado, amigo, sabe o que é? Eu lia um folheto e o companheiro distribuía outro. Traga o cordel para eu trocar.*

O moço: *Fica por isso mesmo. Aquele outro era até bonzinho.*

A filosofia

Conselhos de J. Borges: *O vendedor de cordel, ou folheteiro, tem de completar as histórias com piadas e fazer comentários enquanto lê o poema. Precisa também fazer as trancas, suspendendo a narrativa nas horas certas, e deixar a história no ar. A situação da terra, com a seca ou a chuva, está sempre envolvendo as pessoas. Elas vêem a estrada poeirenta, a flor brotando no meio das pedras. As pessoas normais estão preocupadas. Não têm tempo de percebê-las. Poucos versam sobre o cacto, sobre o canto da coruja ou do passarinho, sobre a barra do dia, as flores das árvores, a pegada do inverno. Só os artistas enxergam as coisas bonitas existentes no sertão.*

Há por aqui mistério e encantamento em torno dos nomes de Lampião, Maria Bonita, Antônio Silvino, Antônio Conselheiro, o Beato José Lourenço, Padre Cícero, Patativa do Assaré. Isso sem falar nas lendas que o povo cria, como a Cabra Cabriola, Comadre Florzinha, Pai da Mata, Malassombro, Lobisomem, a Besta Fera, o Papa-figo, o Bicho Papão, Pedro Malazarte e João Grilo.

Tudo para quem tem sensibilidade se transforma em motivo para poemas.

O bom cordelista, para trabalhar, se envolve com histórias de fazer o povo rir, histórias de amor, de falta de honestidade, da safadeza na política, e ainda as histórias de dor e de sofrimento. Saber aproveitar as profecias do fim de mundo, a fome, a peste, a guerra. Muita tristeza para comover o povo.

Eu tive medo do ano 2000. Pensei que viria cercado de terror. O final do mundo chegaria cheio de mistério. Para mim, o fim do século foi uma decepção. Não aconteceu nada. O tema que antigamente fazia o povo contrito e dominado. Decepcionei-me.

No cantar do cordel, as cantorias variavam de acordo com o enredo dos folhetos. No tom das vaquejadas, o som do aboio. Nas histórias de tristeza, entra o som plangente. Se é de alegria, entra o ritmo mais rápido. Há folheteiros que aplicavam o mesmo ritmo nos gracejos, nas vaquejadas, nas canções de anos, ou para rezar benditos. Era uma loucura. Não havia divisão de nada. O folheteiro inconsciente perdia a sonora. Isso era defeito grave.

Olegário Fernandes, meu amigo, viu um vendedor de cordel botar a mala na frente, espalhar os folhetos. Só sabia aquele som. Olegário, lá na roda dele, ficou arremedando. No princípio não ligou. Olegário arremedando. O rapaz pressentiu a enrascada e foi embora.

O cordel bom e consagrado pelo público é o folheto feito de mentira. O real não funciona. *O Pavão Misterioso*, a maior mentira inventada. Trata-se de um romance com aproximadamente setenta anos. Nunca deixou de ser vendido, procurado e consagrado pelos leitores.

Ainda dentro da mentira, surgiu o boato da perna cabeluda andando pelas ruas do Recife e do interior. José Soares, o poeta repórter, escreveu o cordel. Em trinta dias vendeu 120 mil. Era a mentira maior do mundo. O povo do interior não sabia ler, mas havia quem comprasse o folheto. A decadência pode ter começado com o público urbano e os turistas terem alterado o gosto pelo cordel. Há também a influência de revistas, da televisão e do rádio. No entanto, muita gente vê o cordel caindo das pernas. Mas ele sempre supera as crises.

Hermílio Borba um dia me chamou: *Estão querendo impor a palavra cordel para tratar de nossos folhetos. Uma invasão cultural. Vamos iniciar uma frente contra a palavra estrangeira. No Nordeste rural não existe a palavra cordel.*

Comenta J. Borges: *Fiquei a pensar. Sabia que a palavra cordel não existia, mas a achei tão bonita que não tive coragem de lutar contra ela.*

Lamento hoje que no final do século XX não encontre mais quem vende cordel. Alguns teimosos, como eu, Costa Leite e Dila ainda produzem folhetos nas gráficas de fundo de quintal. Eles mesmos distribuem. Não encontro, porém, pessoas que levem as histórias sertanejas para as feiras e mercados. Os poucos compradores são turistas, professores e estudantes que aparecem em feiras e exposições.

A democratização

A popularização dos meios de produção do cordel deixara as grandes folheterias e se democratizara. O processo tinha iniciado em 1950, com a transferência da indústria de cordel de João Martins de Athayde para Juazeiro do Norte, cidade do Cariri cearense. Dívidas e problemas de saúde forçaram-no a se desfazer dela. O poeta alagoano José Bernardo da Silva comprou todos os clássicos editados no Recife.

Em Juazeiro do Norte, a dificuldade intransponível dos novos proprietários instalados no sertão. Como encontrar zincografias? No Recife, as matrizes eram produzidas por processos, àquela época modernos, em chapas de zinco.

José Bernardo usou a xilogravura no cordel. Valia-se dos santeiros que fabricavam santos de madeira para os devotos de Padre Cícero. Eles já eram treinados em fazer os títulos em madeira para os jornais da época. As toscas gravuras vinham sendo utilizadas na fabricação de carimbos, em rótulos comerciais, nos títulos e manchetes dos jornais.

Os grandes produtores do cordel moravam em cidades adiantadas e confeccionavam as capas dos folhetos em metal. As estampas eram tiradas de clichês utilizados em anúncios de filmes americanos ou de postais importados da Europa.

José Bernardo trouxe nova demanda. Juazeiro se firmou como primeira cidade fabricante das matrizes talhadas em pedaços de madeira. Os tacos rústicos de madeira se espalharam a focos isolados no interior da Paraíba, Pernambuco e Ceará

A prática antiga voltava às gráficas. Abria oportunidades para a instalação de outras tipografias. As gráficas começaram a ser construídas na região. A interiorização da indústria de cordel provocou revolução gráfica no interior do Nordeste. Reduziu os custos e facilitou a impressão.

Bastava uma gráfica de fundo de quintal para o poeta independente fazer um folheto e no mesmo dia publicá-lo. A peça mais importante na confecção de folhetos era a gravura de capa. Antes, o poeta, mesmo consagrado, tinha de vender os originais a um editor conhecido ou trocá-lo por cota de exemplares da primeira edição. Demorava tempos para ter o produto nas mãos. O recuo tecnológico ampliou o número de escritores, artistas da gravura e, logicamente, de folheteiros.

A indústria tradicional, representada por José Bernardo, foi a primeira a sofrer queda de mercado. Apesar da inovação, com o uso da xilogravura, a tiragem ficou em torno de 20% do seu auge de produção, acontecido durante os anos 1950. A gráfica vendia quase um milhão de folhetos por mês. Agora, no início da década de 1960, via-se forçada a reduzir a tiragem para duzentos mil exemplares.

A Gráfica de Juazeiro do Norte, depois apelidada de Lira Nordestina, ainda tentou uma reação. Stênio Diniz, neto de José Bernardo, substituía os clichês metálicos pela xilogravura. Edson Pinto, o maior revendedor de cordel no Recife, protestou. Mandou recado curto e grosso: *Os leitores de cordel não gostam de princesas com traços rústicos.*

Os escritores emergentes sustentavam o mercado. O poeta repórter José Soares nem esperou o resultado do jogo na Copa do Mundo de 1970. Quando o juiz apitou o final, ele já estava com cordel nas ruas. O jornalismo batia qualquer recorde de agilidade e precisão.

Fruto da democratização da indústria do cordel, apareceu a segunda geração de autores da Literatura de Cordel. Entre eles, Dila, J. Borges, Costa Leite, Manuel Pacheco, José Soares, Antônio Ferreira, Olegário Fernandes.

De nome José Francisco da Silva, o Dila foi poeta e gravador. Confeccionava as matrizes de madeira para seus companheiros e para o editor João José. Os outros poetas se apegavam a ele. Alguns artistas passaram a entalhar as madeiras. A este grupo pertencem os três maiores xilogravadores do Nordeste: J. Borges, Dila e Costa Leite. Eles surgiram com a popularização da indústria de cordel.

O Dila morava com Olegário Fernandes. Os dois vendiam folhetos nas feiras. Quando voltavam para casa, ele ficava na rede a entalhar gravuras em tacos de imburana. Fazia *clichês* para os poetas independentes e também para o editor João José. À noite, a rede estava cheia de cavaco.

Dila não se aperreava. Virava a peça que servia de cama e deitava do outro lado. Os cavacos ficavam no chão. Na manhã seguinte, começava a trabalhar, sentado no outro lado da rede.

Trinta editoras operavam nas médias e pequenas cidades. Existiam cerca de quinhentos cordelistas pelas feiras e praças. Diz Borges que o tempo era bom. Os poetas viviam de mala cheia. Chico Sales levava dois pacotes. Vendia tudo. O folheto mais procurado era o de João Camelo, *O pavão misterioso*.

Surgiu a preferência do público para a gravura em xilografia, por demanda dos turistas. Os estrangeiros e os turistas do Sul, vindos com as novas rodovias, não gostavam das histórias de muitas páginas. Preferiam textos menores. Os poetas independentes popularizaram as histórias de oito páginas. O texto curto passou a ser preferência dos poetas repórteres, com destaque para José Pacheco, autor de *A chegada de Lampião no inferno*.

Nas feiras, a música ou as sonoras eram empregadas para cantar as histórias dos folhetos de dezesseis páginas ou mais. Os cordéis de oito páginas em geral não eram cantados. Vendiam com os folhetos de dezesseis páginas. Os romances em desuso de 36 ou 48 páginas restaram como símbolo das antigas folheterias.

Todo vendedor de cordel tinha cinco ou seis histórias, quase todas de dezesseis páginas. As preferidas de J. Borges eram: *João Cinzeiro, o Papa Onça,* de Chico Sales; *O sertanejo no engenho Pirapama* e *A queda do egoísmo ou Os laços do amor,* de Luiz de Lira; *A segunda queixa de Satanás a Jesus Cristo sobre a corrupção do mundo,* de Faustino Vilanova; e *Domiciano e Rosete*, do próprio J. Borges.

Campeões de vendagem

A morte de Ludugero foi um dos cordéis que mais venderam na região. A autoria era de Olegário Fernandes. Em quatro semanas, ele vendia sessenta milheiros. A máquina manual, tocada por ele, passava a noite imprimindo quatro páginas de textos e um aviãozinho. Capa de Dila. O folheteiro Vicente Vitorino empacotou cinco mil exemplares. José Soares outro tanto. Todos os folheteiros do Nordeste tinham *A morte de Ludugero* na maleta, naquela ocasião.

J. Borges calcula que o folheto vendeu uns duzentos mil em todo o Nordeste. *A perna cabeluda*, do Zé Soares, vendeu 120 mil, em um mês. Outro campeão de vendagem foi *A morte de Getúlio Vargas*. Passou de quinhentos mil exemplares.

Diz J. Borges: *Naquele tempo, o povo queria saber da campanha eleitoral. Comprava o folheto que falava nos programas de Getúlio. O editor João José lançou folheto. Faturou. Faltando quinze dias para a eleição, lançou outro cordel explicando a vitória. Meu compadre Edson Pinto, estabelecido no Mercado São José, no Recife, calcula que uns cem mil cordéis ele editou.*

Quando Getúlio foi eleito, ele redobrou a tiragem. Chegou a duzentos mil exemplares. Dois anos depois veio a morte de Getúlio. João José passou dois ou três anos explorando como nunca o cordel A morte de Getúlio Vargas. *Ele bateu o recorde no Nordeste. Ninguém mais chegou perto.*

O boi de Minas *vendeu muito também. Passou de trezentos mil. Era bem safado. Havia um açougueiro que via o folheteiro Severino vendendo cordel em frente à sua loja.*

Não agüentou. Ficou com raiva. Pegou uma faca para matar Severino.

O boi de Minas vendia demais. O enredo era de Zé Soares, o poeta repórter. J. Borges lembra da história: Zé Soares *vinha de São Paulo e parou na Bahia. Lá estava o boato do Boi de Minas. Da mesa do hotel, à noite, ouviu a história. Escreveu o enredo. No outro dia mandou fazer um milheiro. Vendeu tudo em Salvador num dia só.*

Aí pensou. Vou para o Recife. Trouxe o cordel. Na primeira semana vendeu demais. Na semana seguinte não havia mais o folheto pronto. Os folheteiros eram obrigados a comprar o miolo com o enredo do cordel. A capa montava em casa. Ele vendia assim, na calçada do Mercado São José, do lado norte, onde era a banca do compadre Edson.

Zé Soares dizia assim: *Folheto pronto a gente não tem não. Eu mesmo comprei muito. Morava em Escada. Em casa, eu juntava parentes para a gente dobrar e passar o grude e vender na feira. O grude, cola artesanal, era o substituto do grampo.*

Os fabricantes de folhetos

O principal fornecedor de folhetos para J. Borges foi João José. Antes de chegar ao Recife, João tinha uma mercearia na cidade de Pombos. Não vendia quase nada. No domingo, apareceu o folheteiro Vicente Vitorino. Chegou, espalhou os folhetos e começou a vender. No fim do dia, estava com os bolsos cheio de dinheiro. João José se impressionou. Resolveu abandonar a mercearia e foi para a capital vender folhetos. João José comprou tipografia e depois, com a venda da folheteria de João Martins de Athayde, em 1949, para Juazeiro do Norte. João José virou o maior editor de folhetos do Recife.

A exploração dos poetas pelos editores era fato comum. J. Borges se lembra que o companheiro Antônio Ferreira foi a João José pedir a publicação de seu nome, como autor, na capa do cordel. Perguntou a João José quantas publicações de *Rogaciano e Angelita* fazia por ano.

— *Publico duas vezes por ano. Remessa de quarenta mil.*

Antônio protestou: *Mas rapaz, nem botaste meu nome como autor na capa do cordel?*

João ficou apertado: *Quando eu publicar de novo, quando tiver uma vaguinha, boto seu nome.*

Antônio cansou de esperar nova tiragem. Chegava lá e nada. João ficou mais de vinte anos publicando sem aparecer o nome de Antônio Ferreira como autor. Em 1974, J. Borges montou sua própria gráfica, chamou Antônio Ferreira e mostrou o romance de *Rogaciano e Angelita*: *Olha teu nome na capa do folheto, estás vendo?*

No encontro entre os vendedores de folhetos aconteciam fatos hilários.

Narra J. Borges: *O poeta e folheteiro Antônio Ferreira também comprava folhetos no Recife, no estabelecimento de João José. Lá, ele foi apresentado ao poeta paraibano Manoel Pereira Sobrinho, considerado o Caneta de Ouro da Paraíba. Manoel estava à espera de cinco milheiros de Rogaciano e Angelita. O companheiro de J. Borges chegou com a camisa de meia rasgada, suja, cabelo assanhado, de sandália, desmantelado. Manoel Pereira parecia um deputado, com gravata bonita, roupa de linho.*

J. Borges se lembra do diálogo.

Manoel Pereira: *Mas rapaz, você é o autor de Rogaciano?*

Antônio: *Sou, Antônio Ferreira da Silva, seu criado.*

Manoel: *Aonde você foi buscar aquele enredo tão forte? Todo mundo que vai à feira compra seu folheto?*

Antônio: *Aonde o senhor foi com sua caneta de ouro e trouxe as histórias bonitas, eu fui lá com meu lápis quebrado e escrevi* Rogaciano. *Foi na mesma fonte.*

Em 1948, João José comprou os originais de *Rogaciano e Angelita* por 20 mil cruzeiros. Negociante esperto, João falava que não tinha capital. Dois mil cruzeiros em dinheiro eram uma ninharia. Valiam dois milheiros de folhetos. João insistiu no preço e ainda propôs uma entrada e o resto liquidado com novas remessas de folhetos. Desse jeito, ele controlava a produção de Severino Gonçalves de Oliveira, o Cirilo, morto em Gravatá. Também, todos os livros de Chico Sales. O editor gostava, pegava e editava os originais de quem quer que fosse. Ninguém dizia nada. Quando aparecia alguém para cobrar, o editor pagava irrisória quantia.

J. Borges narra outro episódio: *Era domingo. Um rapaz bateu à porta. João atendeu.*

O rapaz: *Sou filho de José Soares do Nascimento, de Caruaru. Ele pediu para o senhor pagar os direitos autorais de* Josina, a menina perdida. *O senhor nunca contribuiu.*

João ficou branco. Para ele, o coração caiu nos pés. Ficava pensando: se ele botar na Justiça vai ser um bom dinheiro. O mundo, para mim, desabou.

Mas João era vendedor de cordel com experiência. Tentou ver onde o moço queria chegar.

João arriscou: *Ele mandou dizer quanto era?*

O rapaz: *São dez contos.*

João tirou do bolso da camisa, do resto do dinheiro de cerveja, uma notinha de 10 cruzeiros, dizendo meio aliviado: *Pronto, meu filho. Diz ele que muito obrigado. Posso continuar fazendo o folheto?*

O rapaz: *Agora pode.*

Ninguém se preocupava com o direito autoral. J. Borges se recorda da exceção: *Manoel de Almeida era o único que se preocupava com a história de plágio. Morava em Aracaju. Muito interesseiro. Quando um escritor publicava um milheiro de folhetos, ele ia à Luzeiro e dava parte. Movia ação em Juízo.*

Costa Leite procurou Edson Pinto, dono do principal estabelecimento da venda de cordéis, no Mercado São José, em Recife: *Eu estou desmantelado. Estou desmantelado mesmo. Vim preparado para matar Manuel de Almeida. Soube que ele está aqui no Recife. Estou com uma faca de dez polegadas na minha bolsa. Amolada dos dois lados. Eu quero dar uma facada naquele velho.*

Manoel estava com processo nas mãos. Costa Leite tinha publicado um folheto de sua própria autoria, mas ele tinha vendido os direitos autorais para a Luzeiro. Manoel pretendia prender Costa Leite.

Edson procurou logo o compadre João José para não trazer o Manuel de Almeida para a rua. Costa Leite estava com uma dez polegadas para matar. Iria dar fim no Manuel de Almeida pelo desaforo. Não pelo folheto.

João José chamou Manoel. Tentou convencê-lo a ir embora para Aracaju naquela mesma noite. Argumentava: *Amanhã estarás em casa.* Manoel custou a se convencer. Viajou. Depois, em carta João José falou a verdade. Revelou ao poeta do perigo que ele corria no Recife. Manoel queria assistir à festa da Padroeira. Nunca mais falaram em processo contra Costa Leite.

O mercado

João José tinha estoque de um milhão de folhetos. O estoque foi baixando, até que ao cabo de seis meses restavam cem mil. Tentou vender a gráfica, não achou quem quisesse. Procurou um empregado da gráfica, chamado de Manoel, e lhe propôs em 1960 vender a gráfica. Receberia o pagamento com a venda de folhetos. A gráfica era exclusiva para trabalhar em cordel.

Manoel fez os folhetos. Cinco anos depois, pagou. Pagou tudo. João chamou: *Antônio. Vamos continuar fazendo cordéis?*

Manoel: *Agora que já paguei tudo, não quero mais fazer cordel. O comércio paga muito melhor.*

Sem gráfica para imprimir, João vendeu os originais à Luzeiro e ficou distribuindo os folhetos vindos de São Paulo. O cordel da Luzeiro no início teve muito sucesso, mas depois o preço aumentou. O povo não pôde pagar.

Quando Borges conheceu Edson Pinto, ainda não era vendedor de cordel por atacado. Quem trabalhava no Mercado São José, em Recife, era Alfredo Casado. Distribuía folhetos para os poetas e vendedores. Atuava na mesma loja da editora de João José. Depois de dois ou três anos ele foi embora para Maceió. No seu lugar ficou Elimino, um negrinho baixo, muito amigo do J. Borges.

Com a saída de Elimino, entrou Edson Pinto. No princípio, não vendia folheto em grosso. Distribuía oração, revista de samba e, algumas vezes, folhetos. Edson mandava fazer as letras do samba que estavam na moda. Vendia pra valer naquela época. Copiavam a letra das músicas na Revista do Rádio. Quando Elimino saiu, Edson Pinto assumiu de vez a revenda dos folhetos de João José e se transformou no maior distribuidor de cordel do Recife.

O escritor de cordel

O sonho de J. Borges era vender cordel nas vilas, nas usinas e nas cidades. Dias úteis trabalhava na construção civil e nos fins de semana ia para as feiras. Depois de muito tempo andando com Antônio Ferreira, deu os originais para Antônio ler. Estavam prontos há uns oito anos. Não mostrara antes devido à timidez. O enredo era da *Aventura de dois vaqueiros no sertão de Petrolina*. O comentário final de Antônio o animou: *Muitos dos originais que vejo por aí e que fazem sucesso não são melhores que os seus.*

Os dois ficaram pensando em editar o cordel. Faltava a gravura. Pegaram a matriz do Mestre Dila, de Caruaru, utilizada em outro folheto de Antônio. A capa teria de ser em papel de cor diferente e o título do romance também falava em vaquejada. Ninguém estranharia. Foram a uma gráfica e publicaram. Um sucesso tremendo. Vendeu cinco mil exemplares em sessenta dias.

Agora, eram dois poetas vendendo folhetos de feira em feira. J. Borges realizara o sonho alimentado em toda a vida: ter seu nome impresso na capa de cordel. Animou-se e partiu para o segundo enredo. *O verdadeiro aviso de Frei Damião sobre os castigos que vêm.* Sem dinheiro para a gravura, pegou um pedaço de madeira, fez a face da madeira bem lisa. Apanhou um lápis e desenhou uma igreja.

Talhou as duas torres para lembrar a Matriz de Juazeiro do Norte. J. Borges, devoto do Padre Cícero, nunca tinha ido ao Cariri cearense, ponto de atração religiosa da população rural do Nordeste.

A dupla publicou o cordel. Novo sucesso de venda. Quanto à igreja, ninguém nunca reclamara pelo engano. Tempos depois foi a Juazeiro do Norte, percebeu o engano. A matriz do Padre Cícero só tinha uma torre. J. Borges ainda hoje guarda a primeira gravura.

O produtor de folhetos

J. Borges evoluiu de cordelista para impressor de cordel. Comprou uma gráfica instalada em Bezerros com a venda de benditos e de folhetos depois de uma viagem a Juazeiro do Norte. Benditos eram textos religiosos, elaborados para os devotos de Padre Cícero. A gráfica era de Sérgio Pontes. O primeiro romance editado: *As andorinhas da fé ou Os ladrões do pé da serra*, em 1960.

O novo editor encontrou-se com Edson Pinto. Ele, seu compadre, tinha tomado conta da banca de cordel no Mercado de São José, no Recife, graças ao afastamento do editor João José.

J. Borges transformara-se no maior produtor de cordéis em Pernambuco. No Estado, operavam ele e Olegário Fernandes. Olegário produzia em quantidade menor.

Edson Pinto e J. Borges queriam editar o folheto *Rogaciano e Angelita*. O compadre Edson lhe disse: *Eu vou falar com João para você fazer dois milheiros de* Rogaciano *para mim.* J. Borges ainda se lembra: *João José tinha vendido os títulos à Luzeiro com a condição de fazerem os cordéis que pretendiam, mas no formato popular. A Luzeiro deu um documento dizendo que podiam publicar na forma que a Luzeiro não editava.* Conversaram. Fizeram a primeira remessa de quatro milheiros. Dois ficavam com o compadre Edson e os outros dois não saíram de Bezerros.

Hoje J. Borges é o único empresário a editar folhetos à moda antiga. Produz com máquinas maiores que as de fundo de quintal, mas obsoletas. As letras e sinais são confeccionados em metal. São tipos móveis. Cada linha impressa, letra por letra, é composta por tipos retirados de um caixote com uma pinça. Formam uma linha da direita para a esquerda. O contrário do que está no papel. Para ver o texto impresso na página, o leitor deve olhar através de um espelho.

J. Borges escreveu e editou todos os títulos de sua autoria, menos o primeiro livreto. Dele não guardou cópia. Fez até anúncios nas rádios, sem resultado. Ainda espera encontrar um. Na gráfica instalada em Bezerros, entre os romances escritos pelo artista sertanejo, destacam-se: *As andorinhas da fé ou Os ladroes do pé da serra; História de Zumbi e os Quilombos de Palmares; O Padre Mesquinho e o homem da promessa; Nazaré e Damião, O triunfo do amor entre a vingança e a morte; História da camponesa e o filho do avarento; As bravuras de Cipriano e os amores de Jacira; Domiciano e Rosete ou O viajante da sorte; O mistério dos três carvões e os horrores da fome.*

Os folhetos de oito páginas: *O verdadeiro aviso de Frei Damião; A mulher que botou o diabo na garrafa, Palavras do Padre Cícero; Corno, bicha e sapatão; O exemplo da moça do umbigo de fogo; A chegada da prostituta no céu; A mulher vampiro e o exemplo das costas nuas; O exemplo da mulher que vendeu o cabelo e visitou o inferno; A fundação da Igreja e o papa do Diabo; A moça que virou jumenta porque falou de top less com Frei Damião; Exemplo da cabra que falou sobre crise e corrupção; Exemplo da moça que viu o Diabo; As duas mulheres valentes; Exemplo do filho que matou os pais para ficar com a aposentadoria; A moça que dançou depois de morta; A guerra no Oriente ou O inferno no Iraque; Dicionário dos sonhos.*

Nos cordéis de quatro páginas: 20 Historinhas de Cordel para as Crianças, com mais destaque para o enredo de *O homem da tapioca; O cavalo e os macacos; História de Jesus e o menino do galo, A noiva que se engasgou com a moela; O caçador e a missa; O caminhão e o ataúde.*

Da coleção de xilogravuras feitas para outros poetas independentes, destacamos: *A chegada de Lampião no inferno,* de José Pacheco; *As perguntas do Rei Salomão e as respostas de Camões,* e a *A volta do Príncipe Roldão no Reino do Pensamento,* de Severino Gonçalves de Oliveira, Cirilo; *O encontro da velha que vendia tabaco com o matuto que vendia fumo,* de João Parafuso; *A história do valentão do mundo,* de Severino Milanez; *O fim do mundo está próximo,* de Manoel Tomás de Assis; *Discussão de um fiscal com uma fateira,* de Manoel Campina; *Laureano e Carminha,* de João José da Silva; *As palhaçadas de Pedro Malazarte,* de Francisco Sales de Areda; *Discussão d'um crente com um cachaceiro,* de Vicente Vitorino de Melo; *A vida de João Malazarte,* de Luiz de Lira; *O Rapaz que apanhou da moça por não saber namorar,* de Caetano Cosme da Silva;

A mulher que matou o marido de chifre, de José Soares; *A herança da minha avó ou o cavalo bregatão*, (Anônimo); *Peleja de Severino Simeão com Ana Roxinha*, de Severino Simeão; *Os sofrimentos de Dijanete e as bravuras do valente Geraldino*, de João Noé de Oliveira; *O pinto pelado*, de João Ferreira de Lima; *As palhaçadas de Biu*, de Manoel Camilo dos Santos; *Jesus Mestre dos Mestres, o ferreiro da macaca*, de Manoel d'Almeida Filho; *O Pai que Forçou a Filha Sexta-feira da Paixão*, de João Severiano Lima.

Encontro com Ariano

Em 1972, o escritor paraibano Ariano Suassuna se encantou com J. Borges. Nunca tinha visto estampas populares com seu nível de composição. As imagens foram levadas pelo pintor plástico Ivan Marquete.

Em visita à oficina do poeta Olegário Fernandes, o pintor se entusiasmou com os tacos de madeira preparados para as capas de cordel feitas por J. Borges. Perguntou se o cordelista faria figuras maiores. J. Borges recebeu as encomendas e as preparou em pedaços de imburana, como lembrança para turista. Deu um preço qualquer. Um pouco maior que o cobrado pela venda das matrizes de folhetos. Olegário, ao entregar a encomenda, achou barato. Pediu muito mais. Ivan Marquete não reclamou, pegou as gravuras e as levou para Ariano.

O escritor procurou saber quem era J. Borges. Pediu para ele aparecer na Universidade Federal de Pernambuco. Naquela época, Ariano estava preocupado com o movimento armorial. Buscava o que restava da cultura heráldica no Brasil. O escritor tinha uma gravura. Perguntou de onde o artista sertanejo tinha tirado aquela idéia. J. Borges não sabia. A imagem sertaneja carecia de motivação. Coisas da cultura e da imaginação.

Ariano mostrou a J. Borges o *Romance da Pedra do Reino*, recém-editado. *O artista popular conhecia o livro?* J. Borges negou. Nunca tinha ouvido falar na publicação. A gravura da onça mostrada por Ariano era igual à que estava no livro. Ariano convocou os correspondentes dos jornais sediados no Recife. Estava ali um fenômeno. O artista passou a ser apresentado como o mais inventivo criador da arte popular nordestina.

Compradores e repórteres não mais o deixaram em paz.

A amizade entre J. Borges e Ariano se consolidou. Dois filhos do artesão ganharam o nome de Ivan e de Ariano. As gravuras de J. Borges passaram a ser reconhecidas como autêntica expressão pictórica da arte popular. Não mais da cultura nordestina, mas da brasileira.

O xilogravador agradecia. Primeiro, fez homenagem a Ariano desenhando a gravura com cenas do *Romance da Pedra do Reino*. Ultimamente, está distribuindo a estampa com o comprido escritor desfilando entre mulheres e cabras do sertão.

A gravura e as letras das duas grandes personagens nordestinas mostraram que a arte popular é a verdadeira expressão da cultura nacional. As figuras sinuosas e geométricas, sem detalhes, mostram o imaginário nordestino. Ariano, nas aulas itinerantes de cultura popular em todo o Brasil, exalta os trabalhos do artista nordestino. A expressão pictórica regional do artista popular se fixou, na sua opinião, como a maior expressão plástica da cultura popular universal. E de arte e estética, Ariano entende.

Os títulos

José Francisco Borges, ou J. Borges, o colecionador de títulos. Desde o encontro com Ariano, em 1972, começou a lista de troféus. O Museu de Arte Contemporânea e o *Salão de Arte Global de Pernambuco* o premiaram em 1974. Dois anos depois, a Secretaria de Cultura do Recife deu-lhe o título de *Literatura de Cordel* e depois, J. Borges recebeu a plaqueta de ouro de Bezerros, sua cidade natal. A Secretaria de Cultura de Curitiba e a Fundação Pró-Memória em Brasília o ajudaram pela contribuição *à Literatura de Cordel.* A Fundação Joaquim Nabuco de Pesquisas Sociais ingressou a fileira dos admiradores do artista plástico sertanejo.

J. Borges ganhou a Medalha de Honra ao Mérito, do Ministério da Cultura, com a presença de Fernando Henrique Cardoso, e em 2000, o Prêmio Cultura promovido pela Unesco. O Centro Cultural do Banco do Brasil acaba de prestar a maior homenagem que uma instituição oferece à Arte Popular. Durante 45 dias realizou em Brasília exposição·e oficina.

Museus, galerias e associações culturais abriram exposições para o xilogravador. No Rio de Janeiro, o Museu de Arte Moderna, o Museu Nacional, a Petite Galeria, a Faculdade de Letras, o Cinema 11 de Copacabana e o Serviço Social do Comércio. Em São Paulo, o Pavilhão do Ibirapuera e a Galeria Bode. Em Salvador, a Aliança Francesa. Em Brasília, a Fundação Cultural, o Ministério da Cultura, a Fundação Pró-Memória, o Ministério do Interior, a Câmara dos Deputados, o Senado Federal, a Livraria Presenças e a Aliança Francesa. Em Caruaru, a Casa de Cultura

João Condé, e em Recife, o Congresso Brasileiro de Psicanálise. Expôs também em Londrina, Juazeiro do Norte, Petrolina, Arcoverde, Garanhuns, Triunfo e Porto Alegre.

O artista popular brasileiro participou de exposição itinerante em vinte países da Europa e já teve trabalhos exibidos no Museu de Louvre em Paris, na Espanha, na Suíça, nos Estados Unidos e na Venezuela. Recebeu o prêmio do Movimento Evangélico Pão e Vinho da Alemanha e o de Gravura Manoel Mendive, da V Bienal Internacional de Salvador Valero Trujilo, na Venezuela. J. Borges leu o folheto *A chegada da prostituta no céu* nos Estados Unidos e na Venezuela. Leu em português. Foi um sucesso.

Em 2001 a ONU publicou e distribuiu para governantes de todos os países o calendário sobre o meio ambiente enfocando a primeira gravura de um artista brasileiro. O título da estampa, em cores: *A vida na floresta.*

As publicações de J. Borges, *Poesia e gravuras de J. Borges, No tempo que os bichos falavam, Gravuras, Xilogravuras, Memórias e contos, Fantasia sertaneja, Vinte frutas do Nordeste, Refazendo a Natureza* foram editadas por ele próprio e outros editores. Eduardo Galeano, artista internacional, lançou *Palavras andantes,* em vários idiomas. Os Estados Unidos imprimiram *Stories on a String,* de Candace Slater e a Suíça, o *Der Brasiliansche Katalog.* No Brasil, o artista ilustrou trabalhos de Nagib Jorge Neto, Jeová Franklin, Wilson Freire, os livros *O prelúdio da cachaça,* de Luís da Câmara Cascudo, editado pela Confraria dos Bibliógrafos do Brasil e *O cordel e suas histórias.* Preparou imagens para catálogos e calendários de empresas brasileiras e estrangeiras.

Gravuras na embalagem dos discos: *Nordeste Cordel, Repente e Canções, O Festival de Violeiros, Quinteto Violado, Cumadre Zéfinha e a Pedra e a Flor*. Clodo Ferreira fez um disco em homenagem à arte popular dedicando uma das faixas em homenagem a J. Borges. Vários vídeos e filmes divulgam para o Brasil a arte do artista bezerrense.

Na história dos prêmios de J. Borges, nem tudo é felicidade. A frustração ficou nas vinhetas e gravuras de *Roque Santeiro*, a primeira fotonovela produzida em cores no Brasil. O artista e convidados foram convocados para o lançamento da novela que não chegou a ser exibida. A ditadura vetou. Os militares rejeitaram o enredo satírico de Dias Gomes.

As matrizes

A madeira com que J. Borges trabalha é o cerne da imburana *(bursera leptophleos)* de cor creme ou amarelo pálido. A entrecasca não serve. Muito sujeita ao ataque de insetos.

Explica J. Borges: *A madeira é boa, porque dá boa impressão e facilita o corte. Você pode ir com o quicé, a faca ou a goiva, em qualquer direção, independente do veio das fibras. Você talha em todos todos os sentidos.*

A imburana substitui com vantagem a casca do cajá. Ganha em resistência e durabilidade. Resiste bem a variações de temperatura e umidade, sem se empenar. Enfrenta o sol e a chuva. Pode-se fazer o talhe, mesmo na madeira verde. Ela garante a perenidade da imagem gravada. Antigamente, nas gravuras das capas de cordel, a casca do cajá era muito usada. Tamanho que podia chegar até 10 por 16 centímetros. Ela assim não empenava e geralmente recebia um suporte de madeira até chegar aos 2,5 centímetros para alcançar a altura da impressão na gráfica.

Madeira muito difícil de ser encontrar, restringindo-se basicamente ao alto sertão, lá pelo lados de Petrolândia, em Pernambuco e no interior da Paraíba, onde é empregada como lenha nos fornos das cerâmicas. Dizem haver muita imburana no sertão da Paraíba.

Considero-me feliz por ter conseguido armazenar alguns toros adquiridos de um fornecedor de lenha. Vi alguns cortados em quatro pedaços. Pensei. É um crime o que estão fazendo com a madeira. Comprei os toros. Acho que com eles vou fazer gravuras pelo resto da vida. A imburana é uma madeira em extinção.

Ela não cresce muito. O tronco dará tábuas de 2 metros de comprimento. Normalmente as tábuas que adquiro medem um metro de altura por 30 centímetros de grossura. Depois de cortada e aplainada, a prancha deve medir 2,5 centímetros de espessura para permitir a impressão em gráfica.

O maior valor dela para mim é não existir inseto que a ataque. Ela, no entanto, não agüenta prego, racha. Não pode também sofrer quedas, ela quebra. É leve como o cedro, mas não empena. Apesar de macio, o cedro não é muito recomendo para a xilogravura. A fibra solta com facilidade e o talhe é feito sem controle. Mas é uma madeira precisa e que permite impressões nítidas, por maior que seja a tiragem das gravuras.

A imburana e o cedro eram muito usados na fabricação de móveis, portas e janelas. A inconveniência da imburana é o pó fino, quando lixada. Muito ofensivo para a saúde. Se o artista não tiver cuidado, na hora do polimento pode apanhar uma gripe que o derruba por mais de quinze dias. Ofende muito o pó da imburana. Para conservação do taco ou da matriz, o ideal é limpá-los logo depois de usados, evitando-se o ressecamento da tinta que preenche os poros da madeira e prejudica os detalhes e traços mais finos. Poucos xilogravados populares tomam esse cuidado.

A arte da gravura

Na família de J. Borges dez pessoas dedicam-se à gravura. J. Miguel, Manassés e Ivan trabalham e expõem gravuras e brinquedos na Casa de Cultura Serra Negra, em Bezerros, Pernambuco. O irmão Amaro Francisco e Nena mostram os trabalhos em casa e em algumas exposições no Recife, Caruaru e Bezerros. Nena, cunhada de J. Borges, é a primeira gravurista popular do Nordeste. Em Bezerros trabalha também o sobrinho Givanildo e o primo Joel. No Recife, outro sobrinho de J. Borges, o Severino, o único a morar fora de Bezerros. J. Borges deixou a Casa de Cultura Serra Negra, às margens da rodovia que liga Caruaru a Recife, em poder dos três filhos e ficou com outro grande salão. Neste ateliê trabalham J. Borges e o filho, Pablo, que com 7 anos fez uma matriz de madeira para o folheto *Carta de Satanás ao amigo George Bush*, de Zé da Madalena.

Difícil é isolar a diferença entre os traços de J. Borges e os demais desenhos esculpidos pela grande família. A influência de J. Borges permitiu que o Governo do Estado instalasse em Bezerros, a 100 quilômetros do Recife, o maior Centro de Artesanato de Pernambuco. O Centro pretende ser o núcleo de todo o artesanato do Estado. Ele fica na mesma rodovia onde estão as oficinas do artista sertanejo.

A última invenção do patriarca é o álbum *Refazendo a natureza*. Nele, o artista mistura chifre com asas, bota pés de cavalo em porcos e bico de galinha em macacos. J. Borges produz os seres que a vida não consegue recriar.

A madeira é a matéria-prima do xilogravador. Os traços implicam três modos de execução: elaborar o desenho, gravar a madeira e imprimir.

Primeiro, ele desenha com lápis sobre a madeira lixada.

Pronta a gravura traçada a lápis, vem o entalhamento da imagem. Os traços separam as superfícies que vão ficar em alto-relevo e as que desaparecerão sob o corte da goiva ou do quicé (faca de meia lâmina), estilete ou pregos. Elas, em baixo-relevo, não levarão tinta. Ficará em branco ou na cor básica do papel, em contato com o papel. As de alto-relevo receberão tintas em cores ou em preto. Nela aparecerão os anjos, demônios, serpentes, mulheres, dragões, onças, cabras e todas as figuras do imaginário nordestino.

O terceiro processo é a impressão da matriz, a madeira pronta para ser impressa.

No nível de maior sofisticação, cada uma dessas fases fica com um profissional. Na oficina de J. Borges, as três fases são, em geral, produzidas pela mesma pessoa. Na impressão, ela usa um carrinho, pedaço de madeira, com três eixos. Alguns artistas usam a prancha tipográfica ou o prelo. Outros, em lugar do carrinho, usam uma colher de pau, ou uma colher grande de alumínio, para pressionar o papel contra a matriz. Depois de impressa a gravura, por sua forte consistência, fica dois ou três dias pendurada num barbante à espera de secar toda a tinta gráfica.

Hipocrisia da cultura brasileira dividir os trabalhos em arte erudita e arte popular. Em termos físicos, os desenhos esculpidos por J. Borges e outros xilogravadores não se diferenciam das matrizes confeccionadas pelos artistas eruditos, como Samico e Goeldi. Um preconceito classificar, de um lado, a arte sertaneja e do outro lado, a gravura erudita.

J. Borges pouco está ligando para a distância entre as duas artes. Uma coisa, no entanto, ele não perdoa. Encontrar um torcedor do Esporte Clube do Recife tão fanático quanto ele. Vira uma onça. Para ele, o time do Náutico Capibaribe é o melhor do Brasil. Ele não diz, mas o time do Náutico é o mais aguerrido do planeta.

No carnaval, o J. Borges, com a camisa listrada de vermelho e branco, espera cedo a terça-feira. Geralmente em Bezerros chove no carnaval. Se o sol não vem, ele espera até meio-dia. Leva a bandeira e atrás vem animada a fanfarra de torcedores do Náutico.

Autor: José Francisco Borges (J. Borges)

A Mulher que Botou o Diabo na Garrafa

A mulher que botou o diabo na garrafa

Havia lá no sertão
uma mulher bem casada
com um homem ciumento
desses que não valem nada
desses machões que nunca
deixa a mulher sossegada.

A mulher era fiel
mas ele a tocaiava
brigava sempre com ela
ela chorando jurava
mas de toda forma ele
na mulher não confiava.

Até que chegou um ponto
dele espancar ela, um dia,
ela apanhando e dizendo
que aquilo não merecia,
e era de chegar a hora
que ela se vingaria.

E ele bruto como era
não confiava em ninguém
todo dia era uma briga
e naquele vai e vem
o diabo apareceu
para faturar também.

O homem foi trabalhar
encontrou um molequinho
pinotando em sua frente
ele achou engraçadinho
ele pulava e se sumia
bem no meio do caminho.

O homem disse ao moleque:
você é inteligente.
O menino disse: eu sei
tudo quanto você sente
me pague que eu lhe sirvo
em tudo daqui pra frente.

Eu sei que és ciumento
e na mulher não confia,
se me deres tua alma
eu tocaio todo dia
pra onde ela for eu vou
te juro com garantia.

Mas para isso preciso
eu ir contigo morar.
Eu estando em tua casa
você pode viajar
e garanto que não deixo
sua mulher namorar.

Ele levou o negrinho
chegou lá disse à mulher:
está vendo este negrinho?
ele é cheio de mister
ele vai seguir seus passos
até quando ele quiser.

A mulher disse ao marido:
você não tem jeito não
és ciumento demais,
sem alma e sem coração
e este moleque é tão feio
parece filho do cão.

O homem lhe respondeu:
ele é quem vai te seguir
amanhã vou viajar
porque eu preciso ir.
E disse para o moleque:
procure bem me servir.

O moleque respondeu-lhe:
pode seguir sossegado
deixe sua mulher em casa
que eu não saio do seu lado
mesmo que ela não mereça
mas por você fui contratado.

Na saída da viagem
ela lhe fez um carinho
e lamentou porque ele
ia viajar sozinho,
e depois ela começou
conversar com o negrinho.

O negrinho disse a ela:
não vou sair do seu lado
e por esse meu trabalho
vou ser bem recompensado
seu marido me entregou
você pra eu ter cuidado.

A mulher sorriu e disse:
muito bem meu camarada
vou lhe propor uma aposta
pra ver se você se agrada.
O moleque disse: diga
e deu uma gargalhada.

A mulher disse ao moleque:
eu tomei uma atitude
te convido para um banho
no meio daquele açude
que o banho é necessário
para se ter melhor saúde.

O moleque disse: eu topo
se a senhora for pelada
e quero saber da senhora
a aposta solicitada
e vamos cair na água
nessa noite enluarada.

A mulher disse: a aposta
é para nós dois mergulhar
e se eu sair primeiro
você vai me tocaiar
pra o resto da minha vida
sem eu lhe atrapalhar.

O moleque disse: aceito,
e se eu sair primeiro?
Ela disse: eu lhe boto
numa garrafa ligeiro
bato a cortiça e do mundo
você não sente nem cheiro.

O diabo disse: tá certo
vamos logo ao açude
que estou um pouco sujo
e quero lavar meu grude
e ver também o seu corpo
que a qualquer homem ilude.

E assim foram ao banho
e a mulher tirou a roupa.
O diabo disse: é muito boa
igualmente pão com sopa
você é dessas mulheres
que faz defunto dar popa.

O diabo caiu na água
mergulhou foi para o fundo,
a mulher vestiu a roupa
largou a perna no mundo
foi procurar cabaré
e ambiente vagabundo.

Passou a noite na zona
fez sexo de todo jeito
namorou 110 homens
levando tudo de eito
e dizendo: aquele marido
é assim que eu lhe ajeito.

Procurou se divertir
naquela vida sacana
tomando conhaque e vinho
licor, cerveja e cana,
sem se lembrar do moleque
passou mais de uma semana.

E depois que ela transou
por cabarés e motel
saiu dizendo: eu agora
gozei a lua-de-mel
vou voltar ao açude
e ao marido ser fiel.

E chegando no açude
tirou a roupa e entrou
e mergulhou dentro d'água
o diabo se levantou
olhava para todo canto
e com a mulher se espantou.

Disse ele: essa mulher
é das que o diabo gosta.
Naquilo a mulher saiu
o diabo estava de costa.
Disse a mulher: saiu primeiro
e eu quem ganhei a aposta.

Pegou o pobre moleque
e na garrafa botou
bateu bem a cortiça
dentro da água jogou
e saiu se rebolando
pra sua casa voltou.

Quando o marido chegou
lhe abraçou chorando
disse: eu choro é de saudade
e foi logo lhe beijando
e ele pelo moleque
foi logo lhe perguntando.

A mulher lhe respondeu
toda cheia de alegria
e disse-lhe: o molequinho
me fez boa companhia
e ele desapareceu
daqui já faz mais um dia.

O homem abraçou ela
e entrou em seu aposento
a cabeça cheia de galha
tinha até chifre cinzento
mas é isso que merece
o homem que é ciumento.

Foi essa mulher que botou
o diabo na garrafa
nos cabelos do marido
não entra pente nem marrafa
hoje é como chaleira
que agüentou chifre e abafa.

Nazaré e Damião
O triunfo do amor entre a vingança e a morte

Leitores vamos ouvir
um romance de terror
nele se vêem as bravuras
de um rapaz lutador
arriscando a própria vida
pra defender seu amor.

Havia em Minas Gerais
um fazendeiro afamado
chamado Sérgio de Lira
muito rico em terra e gado
cidadão bom e honesto
com boa esposa casado.

Sua esposa se chamava
Joana Lira Assunção
com dois anos de casado
deu à luz com perfeição
a duas crianças gêmeas
que foi Cosme e Damião.

Quando as crianças nasceram
Cosmo nasceu doente
se batizando morreu
logo imediatamente
ficou Damião que trouxe
sinal de homem valente.

Damião se criando
forte, esperto e nutrido
os seus olhos demonstravam
sinal de homem sabido
com 4 anos de idade
ele era bem destemido.

Aqui deixo Damião
e sigo noutro roteiro
vou falar sobre Tenório
um solteiro fazendeiro
chefe de grande cangaço
assassino e desordeiro.

Possuía três fazendas
era muito ambicioso
roubador de honra alheia
insolente e criminoso
era um sujeito perverso
ruim e malicioso.

Um certo dia Tenório
deflorou uma donzela
que era sua empregada
ele disse logo a ela
que lhe guardasse o segredo
pra poupar a vida dela.

Com um mês depois do caso
ela pôde conhecer
que estava grávida dele
e o chamou pra dizer
ele respondeu a ela:
não quero disto saber.

Na casa do tal Tenório
tinha uma velha empregada
tomou-se amiga da pobre
vendo-a em prantos banhada
disse: tenha paciência
que por mim és amparada.

Esta velha era Regina
e a mulher era Maria
e da criança nascer
foi se aproximando o dia;
em segredo a velha disse
como Maria fazia.

Regina disse: Maria
eu sinto teu sofrimento
não dê teu saber ao povo
espera pelo momento
te defende de Tenório
que ele é sanguinolento.

Ela tomou o conselho
não disse nada a ninguém.
Disse a velha: minha filha
maior do que Deus ninguém
tem paciência que tu
descansa e vai viver bem.

Passaram-se os nove meses
numa noite enluarada
Maria incomodou-se
e pela madrugada
deu luz a uma menina
mimosa como uma fada.

Antes do dia amanhecer
ela pegou a criança
embrulhou-a nuns paninhos
e não quis fazer matança
na casa de Sérgio Lira
botou sem ser por vingança.

O senhor Sérgio de Lira
achou que estava acertado
resolveu ficar com a menina
na família e com cuidado
confusos e sem saberem
como isto tinha se dado.

No outro mês adiante
a menina foi batizada
por Maria Nazaré
ficando ela assim chamada
e por todos na fazenda
a menina era estimada.

A velha Regina soube
que a menina foi achada
e pela família de Sérgio
estava sendo criada;
chamou Maria, a mãe dela
e disse: não diga nada.

No mesmo tempo Tenório
decidiu de se mudar
vendeu logo a fazenda
tratou de se retirar
levou todos os empregados
bem distante foi morar.

Quando Maria chegou
lá na outra moradia
um rapaz se agradou dela
e naquele mesmo dia
falou casamento a ela
e ela disse que queria.

Mas Tenório, quando soube
ficou logo indignado
mandou um cabra perverso
levar Maria a um valado
matar a pobre e lá mesmo
deixar o corpo enterrado.

No caminho o cabra disse:
Maria vou te matar
Tenório foi quem mandou
pra não ver você casar
a ordem que eu tenho é dura
e não posso te salvar.

Maria disse a ele:
não faça isto comigo
deixe eu viva que eu juro
que a ninguém nunca digo
e se você combinar
eu daqui fujo contigo.

E assim se combinaram
saíram na mesma hora
passaram o dia no mato
de noite foram embora,
pedindo a Deus proteção
contra o monstro caipora.

Viajaram muitos dias
enfrentaram esta contenda
e depois de muito andarem
encontraram uma fazenda
ficaram ali trabalhando
pela roupa e a merenda.

Deixo eles trabalhando
volto a falar no bandido
Tenório, que ali era
o cabra mais atrevido
ficou mordido de raiva
vendo que havia perdido.

Com três dias reuniu
um bando de cangaceiros
para encontrar Maria
andaram um mês inteiro
todos voltando à fazenda
sem encontrarem roteiro.

Leitores vamos deixar
Tenório cheio de ira
vamos voltar à fazenda
do senhor Sérgio de Lira
pra falar de Nazaré
que no seu leito delira.

Juntinho com Damião
Nazaré se criando
ao fazerem 6 anos
viviam os dois brincando
se amando como irmãos
continuaram estudando.

Pelos campos da fazenda
os dois se divertiam
seu Sérgio e dona Joaninha
vendo aquilo sorriam
porque de sofrer muito
eles pouco entendiam.

Naquele tempo Tenório
pelo diabo foi mandado,
ao completar 6 anos
que se tinha retirado,
entendeu de passear
por onde tinha morado.

Ao passar na fazenda
do senhor Sérgio Lira
viu a menina brincando.
No momento se admira
com ambição na criança
que naquela hora suspira.

Seguiu direto pra casa
só pensando na criança
chegando em casa chamou
seus cabras de confiança
pra roubarem Nazaré
do jeito da esperança.

Como uns leões carniceiros
pra fazenda viajaram
o senhor Sérgio Lira
com a esposa mataram
fizeram a carnificina
e a menina roubaram.

Dizia ele aos cabras:
vejam que menina bela
é por isto que eu
sujeitei-me a roubar ela
vou criar e depois posso
gozar os carinhos dela.

Vamos deixar Nazaré
naquela casa, inocente,
Tenório criando ela
com a maldade na frente
sem saber quem era o pai
dela, legitimamente.

Voltamos para a fazenda
de onde ela saiu
falamos com Damião
como se escapuliu
de morrer naquela noite
que Tenório não lhe viu.

Damião naquela noite
dormiu um sono inocente
junto com uma criada
em quarto independente
se acordando chorou
de comover toda a gente.

Se abraçou com o corpo
de sua mamãe querida
também beijou o pai morto
e disse: não quero a vida
se ao crescer não vingar-me
desta quadra dolorida.

Logo a criada deu parte
à polícia na cidade
que se penalizou em ver
aquela calamidade
mas não podendo saber
quem fez a barbaridade.

Enterraram logo os mortos
naquele ou no outro dia
Damião com pouca idade
não saiu da moradia
e a criada prometeu
que a ele criaria.

Quando ele completou
16 anos de idade
era muito inteligente
e tinha capacidade
em leitura e disposição
era um homem de verdade.

Ficou zelando a fazenda
que foi dos seus genitores
aumentou a criação
e botou mais moradores
homens bravos destemidos
valentes trabalhadores.

Damião chamou seus homens
fez uma reunião
contou o seu sofrimento
todos disseram: Patrão,
quando precisar de nós
estamos à disposição.

Deixo agora Damião
na fazenda trabalhando
falarei com Nazaré
15 anos completando
e quando Tenório a olhava
ia a ela cobiçando.

Nazaré com 15 anos
era bonita demais
uma santa em perfeição
contendo todos os sinais
de beleza igual à lua
nas sombras celestiais.

Tenório chamou um dia
Nazaré e disse assim:
me esforcei pra te roubar
tens que pertencer a mim
tu és a flor que enfeita
as árvores do meu jardim.

A mocinha disse a ele:
sai da minha tenção
nunca casarei contigo
não é seu meu coração
e outra mais que não caso
com meu pai de criação.

Tenório fitou a moça
já um tanto enfurecido
ela disse: Deus me livre
ter o senhor por marido
e mesmo o senhor deixou
o meu pai morto estendido.

Matou também minha mãe
sem ter dó nem compaixão
tirou-me muito pequena
de junto do meu irmão
Damião que se soubesse
vinha fazer punição.

Quando ela disse assim
ele disse: pois agora
vou mandar buscar ele
amanhã sem ter demora
ele vem preso aos meus pés
mato na mesma hora.

No outro dia cedinho
ele bateu na sineta
chamando os seus cabras bons
com os pulsos de marreta
desses que dentro da luta
rodam igual a carrapeta.

Escolheu trinta homens
de muita disposição
ao mais forte do bando
entregou o batalhão;
disse: vão me buscar preso
o safado Damião.

Seguiu o bando atrevido
para prender o rapaz
um como chefe da tropa
forte, valente e audaz,
que garantiu a Tenório
trazer até Satanás.

Chegaram às 9 horas
à fazenda neste dia
encontraram o rapaz
junto a uma vacaria
muito longe de pensar
em prisão nem covardia.

Todos os trinta de vez
riscaram de supetão
fizeram filas armados
e disseram pra Damião:
és irmão de Nazaré
segues direto à prisão.

Damião disse: onde está
minha irmã que foi roubada?
O chefe disse: ela foi
por nosso patrão criada
o qual mandou lhe buscar
calado sem dizer nada.

O rapaz disse: está certo
deixe a roupa eu trocar.
Assim que entrou em casa
pôde num búzio apitar
no apito falou a seu povo
que viesse pra brigar.

Seus homens se reuniram
com balas e armamentos
Damião disse: agora,
vou viver os meus intentos
começar a diminuir
os meus grandes sentimentos.

Saltou pro meio do terreiro
atirava embolando
e os cabras de Tenório
ali também atirando
só se ouvia era tiro
e balas nos ares voando.

Os cabras de Damião
lutavam entusiasmados
tinha cara que de um tiro
fazia dois ou três finados.
Com dez minutos deixaram
vinte e nove já prostados.

E a chefe dos capangas
se escapuliu de bandinha
saiu desparafusada
foi até o fim da linha
chegou lá disse: Patrão
escapei numa peinha.

Tenório enraivado,
disse: amanhã vou reunir
mais cabras pelas fazendas
e depois eu mesmo ir
enfrentá-lo peito a peito
que eu não sou de encardir.

No outra dia bem cedo
Tenório se preparou,
escolheu cinqüenta cabras
de confiança e deixou
guarnecendo a fazenda
e tranqüilo viajou.

Vamos deixar o Tenório
falamos em Damião
que a ira invadiu as veias
do seu forte coração
e da ira de Tenório
foi saber qual a razão.

Selou o seu bom cavalo
saiu cedo galopando
com uma hora de viagem
a sede foi lhe atacando
pediu água numa casa
que tinha um casal morando.

A dona da casa mandou
Damião desaparecer,
a mulher foi buscar água
e deu a ele pra tomar
depois entraram em conversa
até ele descansar.

Damião disse ao homem:
eu hoje vou enfrentar
a Tenório, um fazendeiro
para ele me contar
por qual motivo mandou
seus cabras me assassinar.

Nisto o homem foi lá dentro
e disse logo à mulher:
vou seguir com este moço
dê o caso no que der
e você fica esperando
até quando eu vier.

Quando ele chegou fora
disse logo a Damião:
também vou com o senhor
quero sua permissão
pra ir como guarda-costas
é você o meu patrão.

Damião disse: está certo
e saíram galopando
com três horas de viagem
foram logo avistando
a fazenda de Tenório
muitos cabras vigiando.

E quando eles riscaram
bem no portão da entrada
tinha um cabra bem armado
da carranca enferrujada
disse: o patrão não está
hoje aqui não entra nada.

Damião foi logo a ele
e disse: saia da frente,
deu-lhe um soco na titela
com uma força renitente
que a cabra se estendeu
morrendo instantaneamente.

Quando Damião entrou
junto com o companheiro.
Já foram encontrando bala
e ele muito ligeiro
embolava pelo chão
atirando sem paradeiro.

Com meia hora de luta
mataram mais de quarenta
ficaram uns sete ou oito
numa trincheira sangrenta
amparados nas colunas
numa brigada cinzenta.

Damião com o seu cabra
saíram se arrastando
um pelo lado da casa
o outro arrodiando
só defendendo das balas
e nos capangas atirando.

Restavam oito capangas
nas colunas amparadas
sem querer se entregar.
Lutando desassombrados
Damião e seus capangas
lutavam pelos dois lados.

Com dez minutos de fogo
acabou-se o tiroteio
Damião disse: eu sou homem
até no terreno alheio
e do jeito que eu estou
ninguém diz que eu sou feio.

Depois que cessou o fogo
a fumaça se alongou
se abraçaram as dois
e Damião gargalhou
no momento que Nazaré
na sala se apresentou.

Quando a moça saiu fora
Damião falou com ela
com palavras cordiais
foi saudando a donzela
nesta hora perguntou
como era o nome dela.

Eu me chamo Nazaré
me criei aqui roubada
não sou filha do Tenório
vivo aqui aperreada
junto com esta velhinha
que por ela fui criada.

Ele disse a Nazaré:
eu me chamo Damião.
Disse ela: estou conhecendo
que você é meu irmão
se não fosse, eu lhe daria
o meu pobre coração.

Nisto a velha foi chegando
o começou a falar
dizendo: entre vocês
eu tenho que relatar
conheço a vida dos dois
tenho um segredo a contar.

Disse a velha: Damião
eu conheço esta novela
esta moça é Nazaré
e fui eu quem criei ela
mas nem ela é sua irmã
nem você é irmão dela.

O rapaz ficou pensando.
Disse a velha: dá pra isso
a vida dos dois parece
um mistério ou feitiço
vou revelar a segredo
mas é grande o rebuliço.

Ela disse: Nazaré é filha
de uma empregada
chamada Maria e foi
por Tenório deflorada
o qual temendo a morte
deixou ela abandonada.

Ela é filha do Tenório
que Maria me contou
quando Nazaré nasceu
Maria muito chorou
no casa do Sérgio Lira
a criancinha botou.

Maria ficou conosco
veio pra esta morada
chorou porque deixou
sua filha abandonada
o Tenório mandou matá-la
numa mata fuzilada.

Aos 6 anos de idade
com os Lira ela foi criada.
Pelos olhos de Tenório
um dia foi cobiçada
roubou-a, deixou seus pais
mortos em sua morada.

Nisto o cabra que estava
com Damião nesta hora
disse pra velha: é verdade
isto que diz a senhora
eu quem fui matar Maria
mas ela comigo mora.

Nisto a moça perguntou:
minha mãe vive consigo?
Ele disse a ela: eu juro
que ela vive comigo
não diga nada a seu pai
que ele é meu inimigo.

Aí todos se abraçaram
pelo reconhecimento
Damião deu logo um beijo
em Nazaré e no momento
disse: não és minha irmã
me aceite em casamento.

Ela disse: agora mesmo
te amo de coração
mas é preciso você
ter muita disposição
para enfrentar meu pai
na grande revolução.

Damião lhe respondeu:
te amo e tenho esperança
do vencer o teu pai na luta
fazendo grande vingança
pela morte de meus pais
que sofro desde criança.

A velha saiu e disse:
venham todos almoçar
Nazaré e Damião
formaram um lindo par
mas ela toda nervosa
vendo a hora do pai chegar.

No término do almoço
Damião bem satisfeito
pegou a caneta e fez
um relatório bem feito.
Se o espírito não me engana
a carta foi desse jeito:

Tenório meu camarada
aceite esta surpresa
matei seus cachorros todos
almocei na sua mesa
fiquei sabendo que
és o cofre do malvadeza.

Logo mais eu apareço
aqui em vossa morada
sou filho do Sérgio Lira
Damião seu camarada
e logo receberei
aquela conta atrasada.

Terminou a carta e leu
olhou pra moça e sorriu
a velha vinha saindo
Damião se despediu
chamou o seu guarda-costas
beijou a moça e saiu.

Com duas horas chegaram
lá no casa de Maria
contaram toda a história
ela não teve alegria
em saber que sua filha
com o Tenório vivia.

Damião disse: conforme-se,
Nazaré é minha amada
vou enfrentar a Tenório
numa luta encarniçada
pra ele saber que eu sou
um cabra de vida errada.

Despediu-se de Maria
e do seu bom companheiro
o qual disse a Damião:
resolva isto ligeiro
e quando passar avise-me
que lhe sigo prazenteiro.

Vamos deixar Damião
chegando em sua morada
vamos saber de Tenório
depois de sua chegada
como ficou quando soube
a tal cartinha encontrada.

Tenório teve uma raiva
que ficou apatetado
ficou preto, branco e roxo
olhando pra todo lado
deu um grito que as telhas
se afastaram do telhado.

Nazaré disse: papai
não precisa de zuada
sou sua fllha legítima
completa sem faltar nada.
Nisto, a velha lhe contou
toda a história atrasada.

Ele ouviu e conformou-se.
Quando a velha terminou
de contar tudo a miúdo
ele a moça abandonou
lhe pediu perdão na hora
e ela alegre perdoou.

Ela aí disse: papai
estou amando Damião
quando eu soube que ele
não é nem foi meu irmão
eu fiquei gostando dele
prometi-lhe o coração.

O velho bufou de raiva
nesta mesma ocasião
disse logo a Nazaré:
mude de opinião
do contrário você tem
que se acabar na prisão.

Nazaré disse: papai,
estou pra lhe obedecer
em tudo que for possível
mas vou logo lhe dizer
só não caso com Damião
se eu ou ele morrer.

Nesta hora o velho abriu
um quarto escuro que tinha
fechado há mais de dez anos
fedendo a toda murrinha
muito frio e abafado
e nele prendeu a mocinha.

Lá não via a luz do dia
nesta imunda isolação
todo dia vinha um copo
com água e meio pão
o escuro era a coberta
e a cama o frio chão.

O velho fez uma carta
e mandou para o rapaz
dizendo: a tua amada
botei na prisão voraz
e você só tira ela
virando-se em Satanás.

Reuniu a cabroeira
e ficou de prontidão:
220 homens
armados de mosquetão
esperando o resultado
da carta pra Damião.

Falemos em Damião
quando a carta recebeu
disse ao portador:
vai e diga a quem escreveu
que amanhã bem cedinho
irá saber quem sou eu.

No outro dia cedinho
Damião se arranjou
botou o seu povo em fila
um revólver preparou
seguiu viagem e na casa
de Maria ele parou.

Chamou o seu companheiro
ele estava preparado
se despediu de Maria
botou as armas de lado
Damião seguiu com ele
viajou mais animado.

Chegaram lá na fazenda
pelas dez horas do dia
Damião gritou: Tenório
previna a capangaria
se és bravo vem a mim,
não demonstre covardia.

Nisto o velho preparou-se
soltou no meio do terreiro
gritou para os seus capangas:
avancem todos ligeiros
vamos acabar com a tropa
deste cabra maloqueiro.

Damião gritou pra tropa,
seu batalhão invadiu
com dez minutos de fogo
o fumaceiro cobriu
com a nuvem de fumaça
a luz do sol encobriu.

Brigaram a fogo cerrado
das 10 ao meio-dia
pelas 3 horas da tarde
muitos mortos já se viam
e os que a sede atacava
apanhavam sangue e bebiam.

Damião embravecido
aos seus homens gritava:
vamos vencer este velho
amarelo papa-fava
que dos problemas da vida
era esse o que faltava.

Neste grito do rapaz
os cabras fortes avançaram
as cheias de sangue quente
pelas grutas escoavam
e no chão já tinha esteira
dos mortos que ali tombavam.

Damião gritou: Tenório
vamos ver quem pode mais
se acaba a munição
ainda temos punhais
e hoje você me paga
o que fez com os meus pais.

O velho com sua tropa
brigava entusiasmado
os currais incendiados
morreu até boi queimado
e as famílias de perto
já tinham se retirado.

Às 4 horas da tarde
encerrou a fuzilaria
o velho no meio dos cabras
para Damião dizia:
entramos a ferro frio
não vou bancar covardia.

Damião juntou seu povo
de 110 que chegaram
só restavam 106
quatro sem vida tombaram
enquanto da outra parte
mais de cem se acabaram.

O rapaz disse ao velho:
terminei o desafio
diga aonde está a moça
sem fazer nem um desvio
se não quiser se acabar
lutando no ferro frio.

O velho disse: cabrinha
tua moça é meu punhal.
Deu um grito de alarme
reuniu seu pessoal
e disse: só paro agora
pra bater o funeral.

Com este grito o rapaz
saltou e gritou ligeiro:
vamos acabar com a tropa
deste velho carniceiro
que recusa dar-me a mão
do meu amor verdadeiro.

O Damião escorou-se
na parede da morada
de frente ao quarto que a moça
estava há dias trancada
ao ouvi-la soluçando
ele aumentou a brigada.

Nisto ele pegou um cabra
por nome de Azulão
deu-lhe uma grande rasteira
bateu com ele no chão
meteu-lhe o punhal no peito
arrancou-lhe o coração.

Um cobra disse ao outro:
eu na luta sou tinindo
Damião meteu-lhe o ferro
e disse: seja bem-vindo.
O cabra virou os olhos
morreu chorando e sorrindo.

Dez cabras foram ao rapaz
ele saiu na carreira
jogou no meio dos cabras
um mourão de porteira
e dez cangaceiros
caíram mortos de esteira.

Virou-se a meteu a faca
em outro que vinha correndo
o cabra bateu em outro
que também vinha gemendo
caíram os dois de uma vez
abrindo a boca e morrendo.

Nisto o velho agarrou-se
com o esposo de Maria
disse a ele: eu te conheço
e o pegar eu queria;
deu-lhe uma grande rasteira
e sangrou na covardia.

Gritou aos cabras dizendo:
encerro a carnificina
de todas só restam dez
perdi na luta ferina
os dez podem recolher-se
me sangrem aquela cretina.

Quando Damião ouviu
do velho a terrível fala
puxou pelo seu revólver
e fez rajada de bala
acabou com os dez cabras
antes de passarem à sala.

O velho partiu ao moço
este meteu-lhe a quicé
e disse: velho covarde
de vencer, perde a fé
abra a porta que eu quero
me abraçar com Nazaré.

Disse a velho: tu te abraça
com meu punhal afiado.
O rapaz deu-lhe uma presa
o punhal caiu do lado
disse o velho: não me mate
que eu consinto o noivado.

Ele disse: abra o quarto
que quero ver minha amada
quando o velho abriu a porta
viu-a desfigurada
com ar de quem já morreu
muito magra e desbotada.

O rapaz disse ao velho:
já vi que tu és cruel
prender tua filha única
nobre, decente e fiel
se esta moça morrer
eu acerto o seu papel.

No outro dia cedinho
ela entrou em tratamento
um médico especialista
tendo bom medicamento
com quinze dias de trato
recuperou o talento.

Quando ela ficou boa
ali reinou alegria
Damião convidou ela
foram à casa de Maria
e ela teve a bênção
de sua mãe nesse dia.

Maria lhe perguntou:
Damião, cadê Gregório?
Ele lutou muito,
mas foi morto por Tenório
se queres casar com ele
eu ajudo no casório.

Ela respondeu chorando
aceito se ele quiser
eu era moça empregada
ele fez de mim mulher,
disse o rapaz: vocês casam
dê o caso no que der.

Voltaram para a fazenda
e o velho os esperou
Maria chegou chorando
com Tenório se abraçou
e Damião disse: peça
perdão a quem desprezou.

Tenório pediu perdão
ajoelhado aos pés dela
Nazaré disse: papai
dê agora um beijo nela
por uma justa razão
o senhor casa com ela.

O velho assinou que sim
e deram logo andamento
com quatro dias depois
celebrou-se o sacramento
ficaram morando juntos
sem pensarem em sofrimento.

Nos quinze dias depois
de tudo realizado
sendo o velho opinoso
ao pensar no resultado
armou uma corda à noite
e amanheceu enforcado.

Maria teve um desgosto
que quase não fica viva
Damião foi à fazenda
E trouxe a mãe adotiva
amparou ela e Regina
fez a missão positiva.

Damião disse: me cabe
a responsabilidade
tomou conta das viúvas
por espontânea vontade
e amparou as crianças
até 18 anos de idade

Brincando com Nazaré
disse ele: tive sorte
nossa vida é um romance
e eu sou um braço forte
do triunfo do amor
entre a vingança e a morte.

Me desculpe se não fiz
uma história bonita
e quem for grande poeta
duma caneta perita
me pordoe se está errado
que sou novo na escrita.

Juntinho com Nazaré
ficou Damião contente
beijou ela sorridente
o anjo de sua fé
reinava muita alegria
guardada em seu coração
e dos seus pais (de bênção)
se lembrava todo dia.

Autor: José Francisco Borges

O Verdadeiro Aviso de Frei Damião

Verdadeiro aviso de Frei Damião sobre os castigos que vêm

Fui ao Juazeiro e lá
Falei com Frei Damião
Fui à igreja do horto
Lá assisti a um sermão
Saí de lá com saudade
Trouxe esta novidade
Vou ler e quero atenção.

É um aviso a vocês
Que Frei Damião mandou
Versado neste papel
Um bom romance formou
Quem não tiver apressado
Presta atenção com cuidado
Que apresentá-lo eu vou.

Meus católicos romanos
Daqui e de mais além
Leia este divino aviso
Que a todos nos convém
Me preste bem atenção
Quem manda é Frei Damião
O conselheiro do bem.

No ano de 34
Padrinho Cícero morreu
Antes de se retirar
Frei Damião escolheu
Pra ficar no Juazeiro
E peço a quem for romeiro
Escute este aviso meu.

Diz ele igual João Batista
Pregando com muita fé
Perseguido e odiado
Andando léguas a pé
Que pregando ele dizia
Breve a vinda do Messias
Das terras de Nazaré.

Muitos a ele seguiam
Até que o tempo chegou
O nosso *Jesus* no ventre
De Maria se encarnou
Nasceu entre abençoados
Morreu por nossos pecados
E depois ressuscitou.

Subiu ao céu e disse
Façam o caminho do bem
Sigam os dez mandamentos
Que as tábuas de Moisés têm
Não causará prejuízos
Que o dia de juízo
Demora muito mas vem.

Pra cada país do mundo
Deixou ele um conselheiro
E para nosso Brasil
Veio ao Santo Juazeiro
E Padre Cícero Romano
Morreu e Frei Damião
Assumiu bem prazenteiro.

Até a data presente
Vem regendo muito bem
Agora manda avisar
Aos que fé nele têm
Que deixem jogos e ditados
Os tempos estão chegando
Dia de juízo vem.

Aviso ao mau filho
Que os seus pais insolente
Ao fogo vivo infernal
Sua alma chora e lamenta
A besta fera vem aí
E bem poucos vão subir
A ladeira de 70.

Vamos no 6º degrau
Já com água pela boca
A carestia arrochando
A fé em Deus muito pouca
Não ouve a Frei Damião
Que fala a população
Com voz abatida e rouca.

Este frade que vos fala
Manda dizer nesta linha
Que todos plantem maniva
E trate bem tratadinha
Que pra todos brasileiros
Dar mais de 30 cruzeiros
Uma cuia de farinha.

Vai chegar tempo que a gente
Deseja a data de agora
Que os dias se aproximam
Apertam de hora em hora
Aqueles que criticar
Mais tarde irão gritar
Valei-me Nossa Senhora.

Daqui pra 79
Nesta hora que seguimos
Vamos pedir a Jesus
Mais do que nós pedimos
Pra que mude as profecias
Que vamos ver nesses dias
Coisas que nós nunca vimos.

E assim daqui por diante
Vai sofrer todo vivente
Ainda mais sofrerá
O covarde e insolente
Que depois de embriagado
Cria caso complicado
Ofendendo muita gente.

Muitos homens viciados
Que deixam a mulher em casa
Vão direto à gafieira
Todo seu dinheiro arrasa
Deixa de dar aos filhinhos
Satanás devagarinho
Vai botar ele na brasa.

Muitas mulheres falsas
Que quando o marido sai
Ela arranja outro homem
Esta pro inferno vai
A besta fera é quem leva
Joga dentro das trevas
Não ver a Deus nosso pai.

O pai que deflora filha
Este amaldiçoado
Pra século sem fim amém
Não pode ser perdoado
Satanás olha pra ele se
Monta nas costas dele
Só sai quando está suado.

As mulheres ciumentas
Que atormentam o marido
Arenga de dia e noite
Trata ele de bandido
Na vida não têm prazer
Uma assim quando morrer
Sobe soltando gemido.

E muitos comerciantes
Que exploram a nação
Roubando a humanidade
Sem ter dó nem compaixão
O seu Deus é o dinheiro
Nunca vai em Juazeiro
Satanás lhe passa a mão.

O compadre e a comadre
Sua cama está forrada
Nas profundas do inferno
Lúcifer dá-lhes pousada
Moça que raspa canela
Satanás olha pra ela
No inferno faz morada.

Senhor de engenho usurário
Que não quer dar o direito
Ao pobre que trabalha
O dia todo no eito
Fazendo do pobre escravo
Pra Deus comete um agravo
No céu não será aceito.

O levantador de falso e
Quem mate seu irmão
Ainda que pague o crime
Na grade duma prisão
Não paga nem a metade
Chega na eternidade
Não alcança a salvação.

A mulher que pinta as unhas
Faz sobrancelha e cangote
O diabo olha pra ela
E diz venha pro malote
É preciso que esse povo
Procure um regime novo
Pra se livrar do chicote.

Muitos padres que não seguem
Os deveres consagrados
Só olham para as mulheres
E muito são amigados
Não combinam com Jesus
Suas matérias são pus
Seus espíritos são queimados.

Protestante que se julga
Que é salvo e diz assim
Os católicos não se salvam
Todos pertencem a Caim
Estes breve gritam aí
Não verem a Deus nosso pai
Pra deixar de ser ruim.

E o irmão que deseja
Ver as carnes da irmã
Esse se vira num bode
Sai correndo pela chã
Vem Jesus lhe castigar
Só se salva se rezar
Um terço pela manhã.

Do jeito que o mundo vai
Em Deus pode nos valer
3 parte do povo esquece
De Deus o santo poder
Agora convide os meus
Vamos pedir força a Deus
Para todos nós vencer.

Portanto peço a você
Que não encare o dinheiro
Que dor numa profecia
Pra também ser bom romeiro
Tem a salvação por certo
E acha o caminho perto
Quem for para o Juazeiro.

Aqui se despede o frade
O conselheiro do bem
Envia esta oração
E este aviso também
Segue gratuitamente
Bote na porta da frente
Pra se livrar do que vem.

Não tome por brincadeira
Estou dizendo de vera
Quem segue o caminho certo
Jesus Cristo considera
Por mais que sejam os pecados
Quem compra está descansado
Da vinda da besta fera.

Segue a oração também e
Que todos podem usar
Escrita no Juazeiro
Pra do mal se livrar
Só não compra estando liso
Recebe mais um aviso
Frei Damião mandou dar.

História de Jesus e o menino do galo

Era uma pobre viúva
Que lá no sítio morava
Só tinha um filho único
Que ela muito o amava
Seu nome próprio era João
De Joãozinho ela o chamava

Com 10 anos Joãozinho
Era muito inteligente
Visitou sua madrinha
Numa tarde de sol quente
A madrinha era bondosa
Deu-lhe um ovo de presente

Sua mãe deitou o ovo
Nasceu um pinto vermelho
E Joãozinho via no pinto
Do seu futuro o espelho
E pra vender ou matá-lo
Nunca aceitou um conselho

E com o passar do tempo
O pinto já era um galo
Joãozinho disse: mamãe
Eu amanhã vou matá-lo
E vou convidar Jesus
Pra nós três almoçá-lo

No outro dia seguinte
O galo a velha matou
Botou-o para guisar
E no capricho temperou
E o menino na porta
A Jesus muito esperou

Quando ele estava esperando
Viu um velhinho chegar
Pediu logo uma esmola
A velha sem ter que dar
Disse Joãozinho: dê do galo
Que Jesus nem vai notar

E assim continuou
Quando um velhinho saía
Outro velhinho chegava
E uma esmola pedia
E um pedaço do galo
Joãozinho dava, ele comia

E de pedaço em pedaço
A carne se acabou
Não veio mais nem um velho
Joãozinho de triste chorou
Porque acabou-se o galo
E Jesus Cristo não chegou

E quando Jesus chegou
Na manhã do outro dia
Joãozinho disse: pensei
Que o senhor me atendia
— Os velhinhos eram eu
e você não conhecia

Jesus lhe disse: eu gostei
Do seu nobre coração
Não olhou eu maltrapilho
Pra mim estirou a mão
Resta-me agora eu lhe dar
Uma boa proteção

Assim ajudou João
Durante o ano inteiro
Joãozinho melhorou de sorte
Se tomou um fazendeiro
Enricou rapidamente
Com muita terra e dinheiro

Mas um fazendeiro rico
Que muito se admirou
Com o sucesso de João
E logo lhe perguntou
Como enricou tão depressa?
E Joãozinho lhe contou

Ele matou um garrote
Chamou Jesus pra almoçar
Quando os velhinhos chegaram
Ele mandou chicotear
E seu coração invejoso
Só fazia gargalhar

Do outro dia em diante
Começou morrer o gado
Ele foi ficando pobre
E disse: eu fui castigado
Depois de pobre morreu
Mas ainda foi perdoado.

AUTOR: JOSÉ FRANCISCO BORGES

O Exemplo da Mulher que Vendeu o Cabelo e Visitou o Inferno

O exemplo da mulher que vendeu o cabelo e visitou o inferno

Leitores mais um exemplo
Em nosso tempo moderno
Da mulher que não temia
Ao nosso pai eterno
Vendeu seus próprios cabelos
E visitou o inferno

Na cidade Areia Branca
No Rio Grande do Norte
Habitava esta mulher
De um gênio muito forte
A qual vendeu os cabelos
Sem sequer pensar na morte

Esta era Júlia Assunção
Que dizia sempre em casa
Ao esposo todo dia
Este cabelo me atrasa
Se chegar um comprador
Pra comprá-lo eu mando brasa

O seu esposo dizia
Mulher não diga isso não
O seu cabelo é bonito
E lhe dá mais perfeição
Outra, mais que vendê-lo
Você não tem precisão

Ela respondia a ele:
Quando eu me aperrear
Vendo até ao diabo
Que cabelo dá azar
Deus me deu estes cabelos
Somente pra me abusar

O seu esposo era calmo
Este não quis mais porfia
E ele na intenção
Quando foi no outro dia
Chegou lá um comprador
Comprou por grande quantia

Quando o comprador saiu
Ela ficou gargalhando
Olhou para ela e disse:
A senhora chegou quando?
Ela disse moro aqui
Disse ele: vou passando

Quando o marido chegou
Não fez mínima questão
Ela entregou-lhe o dinheiro
Ele disse quero não
Pegue seu dinheiro e guarde
Pra quando houver precisão

Ela guardou o dinheiro
Que seu cabelo rendeu
Passando a noite em paz
Quando o dia amanheceu
Se sentiu incomodada
De repente esmoreceu

E continuou doente.
Abalaram a medicina
Todo remédio era contra
E aumentando a ruína
Em quinze dias morreu
Para cumprir sua sina

Assim que ela morreu
Deram logo andamento
Compraram um caixão funério
Com todo o seu ornamento
E no outro dia cedo
Foi o seu sepultamento

E o viúvo ficou
Tristonhamente chorando
E tinha horas que ele
Continuava pensando
Que talvez pelo cabelo
Ela estivesse penando

E com três dias depois
Ela em sonho lhe apareceu
Disse a ele: me perdoe
Não tomei conselho seu
Já visitei o inferno
E conto o que aconteceu

Lá eu vi tantos horrores
Que faz medo até dizer
Vi mulher falsa ao marido
Em fogo se derreter
E os cabeludos em fila
Pra dançar o iê-iê-iê

Vi moça de calça justa
Dançando em cama de brasa
E o diabo dizer: passando
Pra não ferrujar minha casa
E me diga chegou quando
Cuidado que tu te arrasa

Vi um tarado dizendo
Já estou arrependido
E o diabo dizendo às moças
Use o vestido comprido
Sendo quando chegar aqui
Bebe chumbo derretido

Vi um diabo cotó
E um gancho de ferro quente
Botando um negociante
Pra dentro da chama ardente
Porque quando era vivo
Não pesava honestamente

Vi um rico dentro do fogo
Chamar por Deus verdadeiro
Porque quando era vivo
Só adorava o dinheiro
E o satanás queimando
A alma de um pistoleiro

Lá eu vi protestante
Chorando pra se acabar
Porque nunca foi à missa
E vivia só de mangar
Da santa Igreja Católica
No inferno vai torrar

Homem que espanca mulher
O castigo é horroroso
Vi a alma de um assassino
Em um fogo temeroso
E ladrão comendo ferro quente
E com ponche amargoso

Vi uma moça fogosa
Que não ouviu a seus pais
Sua alma estava deitada
Na cama de satanás
Mulher que extrai os filhos
Dando gemidos e ais

Vi um ladrão de galinha
Bebendo um caldo quente
Moça de unha pintada
Arrancando prego de dente
Mulher que faz sobrancelha
Sofrendo na chama ardente

Chamador de nomes feios
O diabo também venera
Quando chega no inferno
Vai tratar da Besta-Fera
Mulher que vende os cabelos
No inferno vira pantera

E pena faz o sofrer
Do pobre catimbozeiro
No inferno vira jumento
E trabalha o ano inteiro
Carregando brasa de fogo
Pra queimar o fuxiqueiro

Quem nega uma sede d'agua
No inferno é bem servido
E a mulher ciumenta
Que atormenta o marido
Essas estando com sede
Bebem chumbo derretido

A mulher que vende os cabelos
Para fazerem peruca
Quando chega ao inferno
O satanás lhe cutuca:
Eu por vender os meus
Hoje estou nesta arapuca

Venho fazer este aviso
Às mulheres escandalosas
Que usam vestidos curtos
E querem viver de prosas
Morrendo vão ao inferno
Para as chamas temerosas

Com a vida tudo é bom
Tudo belo e natural
Com a morte é diferente
Pra Deus pai celestial
Quem faz o bem colhe o bem
Quem faz o mal colhe o mal

Aqui vou me retirando
Portanto esteja avisado
Nisto o homem despertou
Completamente assombrado
Sentindo ouvir a voz
Da sua esposa a seu lado

Ele contou-me a história
Aqui eu conto aos senhores
Da forma que ele me contou
Cheia de muitos clamores
Ao comprar-me um folheto
Vai ao céu com muitas flores.

Autor: José Francisco Borges

A Chegada da Prostituta no Céu

A chegada da prostituta no céu

Do rosto da poesia
Eu tirei um santo véu
E pedi licença a ela
Para tirar o chapéu
E escrever A CHEGADA
DA PROSTITUTA NO CÉU

Sabemos que a prostituta
É também um ser humano
Que por uma iludição
Fraqueza ou desengano
O seu viver volúvel
Sempre abraçado ao engano

Aconteceu que uma delas
Morreu em um certo dia
E pela vida levada,
O povo sempre dizia
Ela foi para o inferno
Pelos atos que fazia

Assim que foi enterrada
Sua alma se destinou
Querendo ir para o céu
Mas primeiro ela passou
Pelo porta do inferno
E o diabo lhe acompanhou

Saiu correndo atrás dela
Dizendo vem cá bichinha
Um bocado como tu
Faz tempo que aqui não vinha
E eu estou gamadão
Nesta garota novinha

Mas na carreira que iam
O diabo e a prostituta
Passaram no purgatório
E no sindicato da puta
E lá no portão do céu
Foi que começou a luta

Pois lá já se encontrava
Uma mulher bem casada
Arengando com o marido
Que morreu de uma virada
E queria entrar no céu
Com uma faca afiada

Essa mulher também morta
Era muito ciumenta
Quando viu a prostituta
Entortou o pau da venta
E disse vou te furar
Foi uma luta cinzenta

Furou a outra na perna
A quem o marido puxava o braço
O diabo pegou também
Dizendo ela: sei o que faço
Vou levar mesmo sem perna
Mas levo o melhor pedaço

Nessa zoada, São Pedro
Se apresentou no portão
E disse não tem lugar
Pra mulher com bestalhão
Só tem pra mulher sozinha
E foi logo estirando a mão

E foi pegando no braço
Da prostituta assanhada
Disse você pode entrar
Aqui não lhe falta nada
Vai dormir na minha cama
E me esquentar de madrugada

Mas atrás deles vinha
Outra cara de complô
E disse: eu entro também
Pode dar a estupor
Porque na terra eu era
Dessa mulher o gigolô

São Pedro lhe respondeu:
Mas aqui é diferente
Sou o chaveiro do céu
E aqui nesse batente
Só entra quem eu quiser
Eu sou velho mas sou quente

Você como outros na terra
Faz de tudo quanto quer
Maltrata as prostitutas
E as usam como quiser
Mas aqui eu trato bem
A todo aquele que a mim vier

E entrou de braço dado
Com a mulherzinha singela
Com uma pema furada
Mas São Pedro tratou dela
E deu apoio à prostituta
Que ninguém bolia nela

E com três dias depois
São Pedro veio lá fora
O casal estava esperando
O diabo foi embora
E levou o gigolô
Para furá-lo de espora

Depois disso a prostituta
Foi fazendo o que bem quis
Botou galha em São Pedro
Namorou com São Luiz
Tirou sarro com São Bento
No Beco do Chafariz

Uma noite de São João
Dançou com São Expedito
Levou xexo de São Braz
Namorou com São Carlito
E lá para o fim da festa
Foi dormir mais São Benedito

Ela não quis Santo Oscar
Por ser barbudo demais
Deixou ele na espera
E foi dormir com São Braz
Santo Oscar quando acordou
Falou alto e bem voraz

Disse ele: hoje mesmo
Antes de tomar café
Eu vou contar a Jesus
Essa puta como é
Depois de sua chegada
O céu virou cabaré

Ele foi e disse a Jesus
Que ela era depravada
Jesus respondeu bem calmo
Deixa essa pobre coitada
Se na terra sofreu tanto
Como vai ser castigada?

Na terra não teve apoio
Em meio à sociedade
Levou a vida sofrendo
E fazendo caridade
Aceitando preto e branco
Que tinha necessidade

Mesmo com as prostitutas
Existe um mundo de tarados
Correndo atrás das mocinhas
E mulher de homem casado.
Se não houvesse prostituta
Qual seria o resultado?

Ele ficou cabisbaixo
E respondeu muito bem
Se o sol nasceu para todos
A mulher nasceu também
E se um dia eu pegar ela
Trituro e deixo um xerém

Aí ficou sem efeito
A denúncia de Santo Oscar
Pediu perdão a Jesus
E voltou para o seu lugar
E encontrou São Mariano
Num sarro de admirar

Aqui termino o livrinho
Em favor da prostituta
Para vender aos homens,
A rapaz, corno e puta
Pessoas de baixo porte
E aos de boa conduta.

As Andorinhas da Fé
OU
OS LADRõeS DO pe da serra

AUTOR. JOSÉ FRANCISCO BORGES

As andorinhas da fé ou Os ladrões do pé da serra

Vou pedir conforto a Deus
Sem a ninguém propor guerra
Para versar este conto
Visto na face da terra
AS ANDORINHAS DA FÉ
OU OS LADRÕES DO PÉ DA SERRA

Na seca de 19
Há muitos anos passados
Muitos pobres nordestinos
Ficaram desamparados
Também muitos ambulantes
Morreram sendo atacados

Na cidade de Triunfo
No interior do Sertão
Habitava uma família
Completa com três irmãos
Jorge, José e Marcelo
Se amavam de coração

José era agricultor
E Marcelo sapateiro
E Jorge era ambulante
Um simples miudezeiro
Pelos sítios e fazendas
Viajava mês inteiro

Jorge já era casado
E dois filhos possuía
Por muito que alguém pedisse
Se demorar não podia
Ao terminar seus negócios
Regressava à moradia

E um dia viajou
Pra vender nas freguesias
Como era de costume
Demorava muitos dias
Num cavalo com dois baús
De renda e perfumarias

Quando ele viajava
Sempre demorava um mês
Aonde ele passava
Agradava todo freguês
E um dia admirou-se
Pelos negócios que fez

Num dia de fevereiro
Dos negócios já voltava
Muito alegre e satisfeito
Só nos filhinhos pensava
E na mulher que em casa
Satisfeita lhe esperava

Numa vertente da serra
Da Borborena falada
Já bem perto de chegar
Na sua boa morada
Sentindo o cheiro dos filhos
E da esposa na chegada

Quando menos esperava
Em uma alta barreira
Numa curva da estrada
Início duma ladeira
Viu três homens em sua frente
Falar em frase grosseira

Jorge parou o cavalo
E disse muito ligeiro:
Que desejam meus amigos
Disponham do companheiro
E eles lhe responderam:
Ou a vida ou o dinheiro

O rapaz pulou no chão
Já por eles dominado
Sacaram-lhe o dinheiro
Todo que vinha apurado
E disseram-lhe: você vai
Ser por nós assassinado

Jorge logo implorou:
Amigos não façam isto
Que sou um pai de família
Contra vocês não insisto
Levem tudo e não me matem
Pelo amor de Jesus Cristo

Um dos tais disse: combino
E não quero lhe matar
Mas os outros miseráveis
Disseram: assim não dar
Se nós deixar ele vivo
Ele a nós descobrirá

Aí os três combinaram
Pela seguinte maneira
Para matarem o rapaz
E enterrar na capoeira
E levarem o seu dinheiro
Pra gastar na bebedeira

Jorge disse pelas dores
Que Jesus sofreu na cruz
Não me mate no deserto
Na travessia sem luz
Não façam como os judeus
Praticaram com Jesus

Qual Jesus qual nada
Nós queremos o dinheiro
E agora lhe mataremos
Aqui no despenhadeiro
E nem você nem Jesus
De nós descobre o roteiro

Começaram a furá-lo
Por cima de uns espinhos
Ele disse não façam
Isto comigo amiguinhos
Deixe-me vivo que quero
Ainda ver meus filhinhos

Quanto mais ele pedia
Mais os bandidos furavam
Rindo, das suas mongangas
Os três ali gargalhavam
Nisto Jorge conheceu
Que seus momentos chegavam

Ele disse: meu Jesus
Oh que horas tão mesquinhas
Sou um réu como já fostes
Ouves as súplicas minhas
Antes de Jorge morrer
Passavam umas andorinhas

Fitou ele a um bandido
E disse: as armas empunhas
No sangue dum inocente
Que morre em tuas unhas
Mas essas cinco andorinhas
Serão minhas testemunhas

Respirou o último sopro
Desta vida de pecado
Nisto os bandidos cavaram
um buraco arredado
Da estrada e deixaram
Jorge no mesmo enterrado

Também mataram o cavalo
E queimaram a miudeza
Levaram só o dinheiro
Sem pensarem em malvadeza
Foram à cidade tranquilos
que ninguém dava certeza

Ficaram lá na cidade
Estragando o dito dinheiro
Falo agora na família
De Jorge o miudezeiro
Quando ultrapassou o tempo
Ficaram no desespero

Juntou-se toda família
Depois de muito falarem
José e Marcelo foram
Ao irmão procurarem
Viajaram muitos dias
Sem um roteiro encontrarem

Chegaram numa cidade
Daquela mesma ribeira
Onde Jorge viajava
Passaram a semana inteira
Resolveram ir à missa
Num dia de sexta-feira

E entraram na igreja
Ficaram ajoelhados
Por trás dos outros fiéis
Da porta aproximados
E de momento chegaram
Três malandros disfarçados

O povo todo orando
E eles anarquizavam
José e Marcelo ali
Sempre para os três olhavam
Enquanto umas andorinhas
Por ali sobrevoavam

Um disse aos outros dois:
Dos pássaros não se anoje
E o outro respondeu:
Da memória não me foge
Todos disseram: são essas
As testemunhas de Jorge

José e Marcelo ouviram
Mas nada a eles falaram
Quando terminou a missa
Eles dois se levantaram
Foram à delegacia
E os tais denunciaram

A polícia foi atrás
Dos bandidos e encontraram
Depois de estarem presos
Aos mesmos interrogaram
E nos primeiros apertos
Os bandidos confessaram

Um bandido disse: foi nós
Que matemos o miudezeiro
Matemos seu cavalo
Trouxemos o seu dinheiro
Nisto o delegado disse:
Tenho que ser justiceiro

Levou-os ao local
Onde o crime praticaram
Depois de cavarem a cova
Aonde Jorge enterraram
Ainda restavam os ossos
Seus irmãos vendo choraram

Disse o delegado: é uma
Das cenas mais horrorosas
Vocês choram com razão
E essas feras pavorosas
Na cadeia irão morrer
Botando babas amargosas

Depois de chorarem muito
Os irmãos dele voltaram
Levando os ossos de Jorge
E na cidade enterraram
Enquanto a mulher e filhos
Para sempre lamentaram

E assim caros leitores
Que o inocente é vingado
Sofre em mãos de cruéis
Sem nada ter praticado
Mas a justiça do céu
Descobre o que foi passado

Vamos nos pegar com Deus
Para não acontecer
Como aconteceu com Jorge
Sem ter de quem se valer
Lutando pelo seu pão
Não escapou de morrer

Jesus ampare sua alma
Cantando em bom lugar
O leitor que entendeu
Resta um deste comprar
Guarde com zelo e cuidado
E se um dia for atacado
Sempre procure escapar.

TÍTULOS PUBLICADOS

1. Patativa do Assaré
2. Cuíca de Santo Amaro
3. Manoel Caboclo
4. Rodolfo Coelho Cavalcante
5. Zé Vicente
6. João Martin de Athayde
7. Minelvino Francisco Silva
8. Expedito Sebastião da Silva
9. Severino José
10. Oliveira de Panelas
11. Zé Saldanha
12. Neco Martins
13. Raimundo Santa Helena
14. Téo Azevedo
15. Paulo Nunes Batista
16. Zé Melancia
17. Klévisson Viana
18. Rouxinol do Rinaré
19. J. Borges
20. Franklin Maxado
21. José Soares
22. Francisco das Chagas Batista

Edição	Jorge Sallum
Co-edição	Bruno Costa
Capa e projeto gráfico	Júlio Dui e Renan Costa Lima
Programação em LaTeX	Marcelo Freitas
Assistente editorial	Janaína Navarro
Colofão	Adverte-se aos curiosos que se imprimiu esta obra nas oficinas da gráfica Bandeirantes em 27 de março de 2014, em papel off-set 90 gramas, composta em tipologia Walbaum Monotype de corpo oito a treze e Courier de corpo sete, em plataforma Linux (Gentoo, Ubuntu), com os softwares livres LaTeX, DeTeX, vim, Evince, Pdftk, Aspell, svn e trac.